U0870983

2016 中国零售业发展报告

王耀 ◎ 主编

中国商业联合会

中华全国商业信息中心

中国统计出版社
China Statistics Press

图书在版编目(CIP)数据

中国零售业发展报告. 2016 / 王耀主编. -- 北京：中国统计出版社, 2016.10

ISBN 978-7-5037-7963-3

Ⅰ. ①中… Ⅱ. ①王… Ⅲ. ①零售业-经济发展-研究报告-中国-2016 Ⅳ. ①F724.2

中国版本图书馆 CIP 数据核字(2016)第 216245 号

2016 中国零售业发展报告

作　　者/王　耀　主编
责任编辑/王立群　李潇潇
装帧设计/杨　超　李雪燕
出版发行/中国统计出版社
办公地址/北京市丰台区西三环南路甲 6 号　邮政编码/100073
电　　话/邮购(010)63376909　书店(010)68783171
网　　址/http://www.zgtjcbs.com
印　　刷/河北鑫宏源包装印刷有限责任公司
经　　销/新华书店
开　　本/787×1092mm　1/16
字　　数/150 千字
印　　张/11.75
版　　别/2016 年 10 月第 1 版
版　　次/2016 年 10 月第 1 次印刷
定　　价/50.00 元

《2016中国零售业发展报告》

编 委 会

前　言

“十二五”时期，在以习近平同志为总书记的党中央坚强领导下，我国经济坚持稳中求进的工作总基调，全面完成“十二五”规划确定的主要目标任务。结构性调整取得标志性进展，第三产业增加值占国内生产总值的比重首次突破 50%，最终消费支出对经济增长的贡献率达到 66.4%，居民收入年均增速高于国内生产总值年均增速 1.1 个百分点，物价水平保持在稳定可控范围内。

“十二五”时期，我国消费品市场由高速增长进入中高速增长的新常态。社会消费品零售总额跨过三十万亿元台阶。各省份（及直辖市）累计增幅均超过 60%，区域消费水平更趋平衡，中西部和长江沿线地区消费市场增长迅速。十八大以来，我党严控“三公”消费、反腐倡廉，社会风气得到明显改善，奢侈、炫富型消费受到有力抑制，大众消费快速发展，政府消费支出比重得到下降。居民消费需求由商品消费向服务型消费转移，通讯器材等信息技术商品增长迅速。“十二五”时期我国流通方式不断创新，电子商务快速崛起，网购规模占消费品市场比重超过 10%，移动端网购占网购总体规模达到 55%。消费市场呈现出多元化、个性化、圈层化特征，年轻人的消费潜力进一步释放。

2015 年，我国消费品市场整体增速和网络销售增速均在放缓。2015 年，我国全年社会消费品零售总额 300931 亿元，比上年增长 10.7%，增速较上年放缓 1.3 个百分点；扣除价格因素，实际增长 10.6%，增速较上年放缓 0.3 个百分点。2015 年全国网上零售额 38773 亿元，比上年增长 33.3%。其中，网上商品零售额 32424 亿元，增长 31.6%；网上服务零售额 6349 亿元，增长 42.4%。2015 年网上商品零售额占社会消费品零售总额比重达到 10.8%，对社会消费品零售总额增长贡献度为 26.8%，拉动社会消费品零售总额增长 2.9 个百分点。扣除网上商品零售额，2015 年我国实体店消费品零售总额为 268507 亿元，同比增长 8.6%。

2015 年，我国零售业在经济结构性调整、消费品市场增速放缓的环境下，呈现出以下发展特征：批发零售业固定资产投资虽然规模不断扩大，但投资增速连续第四年下降；行业集中程度进一步上升，零售百强实现销售额 41292.6 亿元，同比增长 22.4%，高于社会消费品零售总额增速 11.7 个百分点。百强销售规模占社会消费品零售总额的比重为 13.7%，比上年提高 0.8 个百分点；电商销售继续快速增长，实体店销售持续放缓，“电商+实体型”商业模式仍在探索前行；上市零售公司面临业绩下滑压力，部分上市零售公司利润大幅回落。

展望未来，2016 年是我国“十三五”规划的开局之年，按照 2016 年政府工作报告的目标，“十三五”时期经济年均增长保持在 6.5%以上，2016 年的经济增长目标是 6.5%到 7%之间，而且，为了保证 2020 年国内生产总值较 2010 年翻一番的目标，“十三五”期间的年均增速底线就是 6.5%。这意味着，我国政府将持续推进结构性改革，采取相机调控的经济治理方式，稳增长、保就业、惠民生，保持经济运行在合理区间，因此经济大幅下滑的风险很小。

而对于我国消费品市场和零售业的发展而言，2016 年仍将面临经济下行的压力，但也适逢转型升级的最有利时机。供给侧改革和“互联网+”的发展路径将为我国零售企业回归商业本质，提升品牌形象，平衡供需关系创造良好的政策环境和市场环境。消费品市场也将在未来继续起到稳定经济增长的关键作用。2016 年，我国将继续增强消费拉动经济增长的基础作用。提升产品质量、优化消费环境、维护消费者权益、支持发展养老、健康、教育等服务类消费，壮大智能家居、个性时尚消费等政策措施将是我国消费品市场稳定快速发展的重要保障。同时，物流配送网络的不断完善、线上线下商业融合创新、旅游市场的规范化建设以及跨境电商和免税店对境外消费的回流作用，将为“十三五”时期我国消费品市场寻求更多新的增长点。

目　录

第四部分　零售业区域发展环境

第五部分　未来零售业发展趋势

第一部分 “十二五”时期我国宏观经济情况

一、经济增速呈平稳放缓趋势

“十二五”时期，面对错综复杂的国际经济环境和艰巨繁重的国内改革任务，党中央、国务院带领全国人民，坚持稳中求进的工作总基调，成功实现了经济由高速增长向中高速增长新常态平稳迈进的目标。“十二五”时期，我国GDP累计增幅达到45.7%，年均增速达到7.8%，虽较“十一五”时期有所放缓，但和世界其他国家、地区相比，经济增速仍处在较高水平，完成了“十二五”规划的既定目标，为国内稳定就业和结构性改革发挥了重要作用，对世界经济增长也作出了显著的贡献。其中，2015年，在全球经济复苏乏力、国内经济下行压力较大的情况下，我国GDP实现676708亿元，同比实际增长6.9%，基本完成了年初政府工作报告7%左右的经济增长目标。

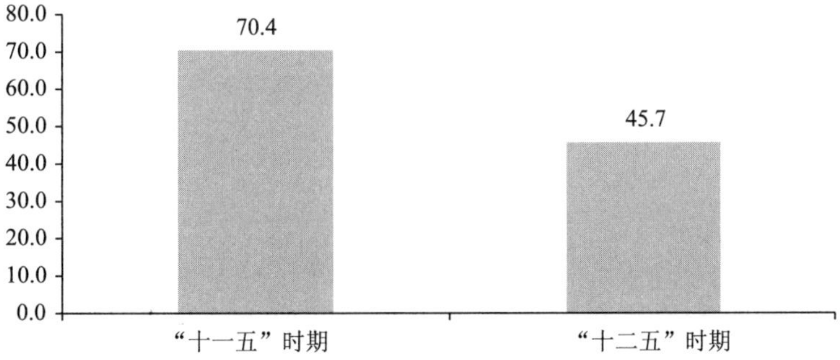

图1-1：“十一五”、“十二五”时期GDP累计增幅（%）

数据来源：国家统计局

“十二五”时期，我国政府加快淘汰落后产能，加大对转型升级重点领域的支持力度，经济结构持续优化、更趋协调。2015年，我国第三产业增加值比上年增长8.3%，增速比第二产业快2.3个百分点，占国内生产总值的比重达到50.5%，较“十二五”初期大幅提高6.2

个百分点，并首次突破 50%。

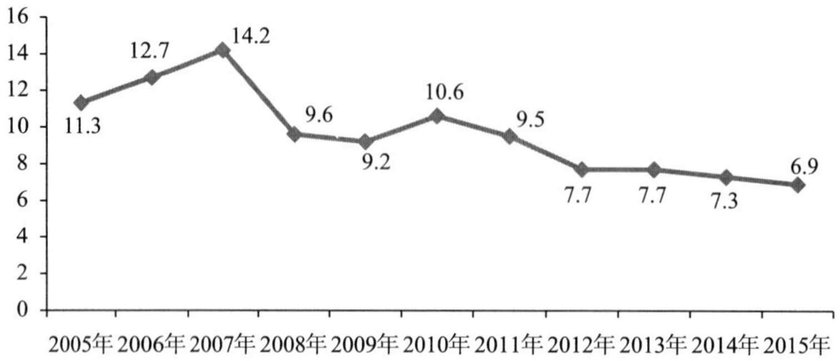

图 1-2：2005-2015 年我国 GDP 实际增速（%）

数据来源：国家统计局

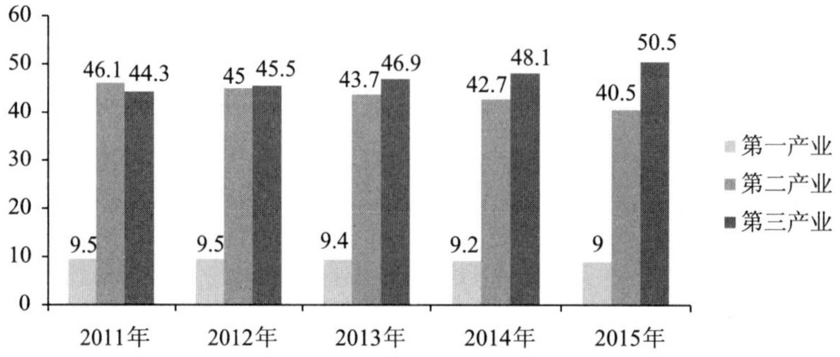

图 1-3：“十二五”期间我国三次产业增加值占 GDP 比重（%）

数据来源：国家统计局

二、居民收入增长快于整体经济，但增幅在减缓

“十二五”时期，我国居民收入稳步增长，2015 年全国居民人均可支配收入达到 21966 元，扣除价格因素，较 2010 年增长 53%，年均实际增长 8.9%，快于同时期 GDP 年均增速 1.1 个百分点。从 2011 年至 2015 年各年情况来看，全国居民人均可支配收入增速均高于同期 GDP 增速。

但与经济增长降速一样，我国居民收入持续增长的速度也在下降，2012 年全国居民人均可支配收入扣除价格因素实际增长 10.6%，2013 年这一增速降为个位数，到 2015 年则为 7.4%，相比 2012 年回落了 3.2 个百分点。根据国家统计局发布的数据，2016 年上半年全国居民人均可支配收入 11886 元，同比名义增长 8.7%，扣除价格因素实际增长 6.5%。

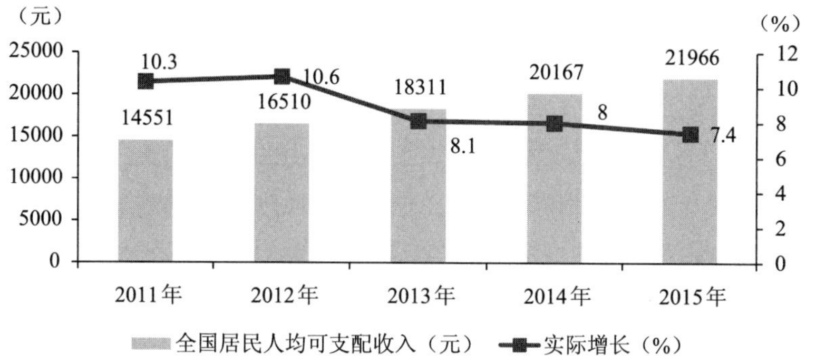

图 1-4：2011-2015 年全国居民人均可支配收入及其增长速度

数据来源：国家统计局

三、全社会固定资产投资增速持续放缓

“十二五”时期，我国全社会固定资产投资累计增长 123.3%，增速较“十一五”时期大幅放缓 60.2 个百分点。其中，2015 年全年全社会固定资产投资 562000 亿元，同比名义增长 9.8%，增速较上年放缓 5.4 个百分点；扣除价格因素，实际增长 11.8%，增速较上年放缓 2.9 个百分点。

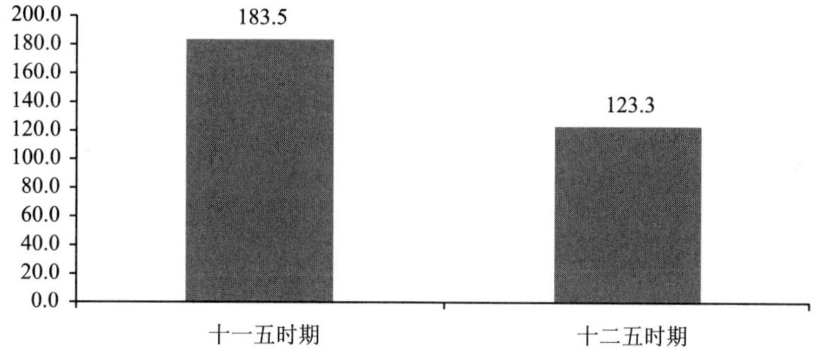

图 1-5：“十一五”、“十二五”时期全社会固定资产投资累计增幅（%）

数据来源：国家统计局

分产业看，“十二五”时期固定资产投资（不含农户）中，第一产业累计增长 286.4%，第二产业累计增长 119.6%，第三产业累计增

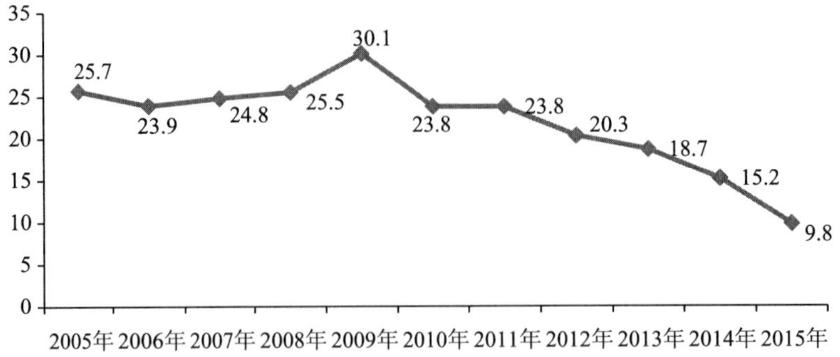

图 1-6：2005-2015 年全社会固定资产投资名义增速（%）

数据来源：国家统计局

长 128.3%，其中批发和零售业累计增长达到 257%，在各行业投资中相对较高。

2015 年，固定资产投资（不含农户）中，第一产业投资 15561 亿元，比上年增长 31.8%；第二产业投资 224090 亿元，增长 8.0%；第三产业投资 311939 亿元，增长 10.6%。

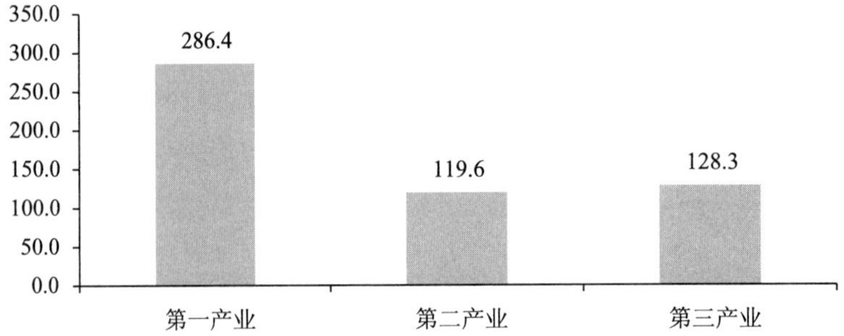

图 1-7："十二五"时期全社会固定资产投资分产业累计增速（%）

数据来源：国家统计局

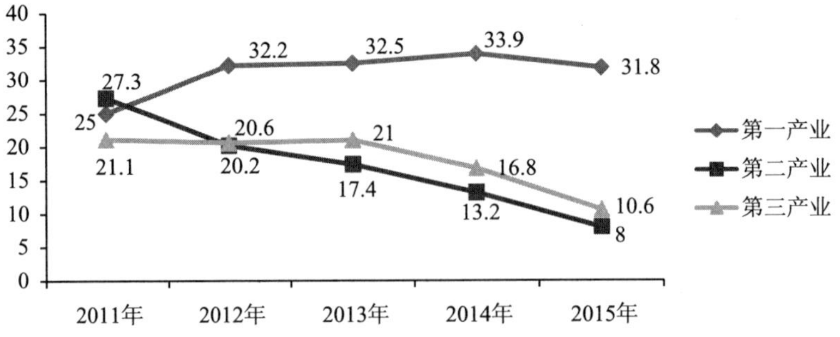

图 1-8：2011-2015 年全社会固定资产投资分产业同比增速（%）

数据来源：国家统计局

四、出口增速大幅放缓

“十二五”时期，我国货物出口总额累计增长 32%，增速较“十一五”时期大幅放缓 38.9 个百分点。其中，2015 年货物出口额实现 141255 亿元，同比下降 1.8%，也是自 2010 年以来出口额首次不及同期。

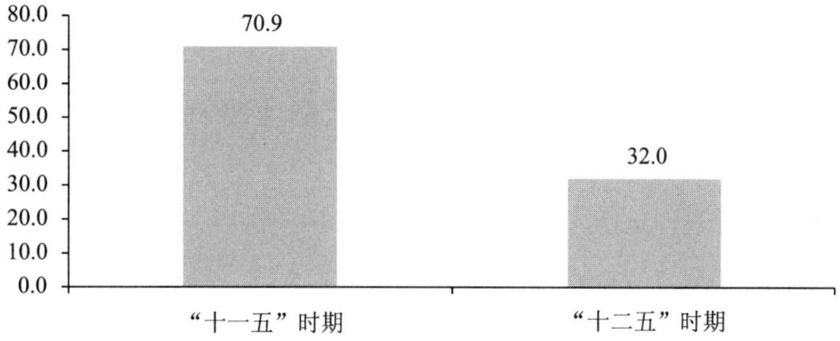

图 1-9：“十一五”、“十二五”时期货物出口总额（人民币）累计增幅（%）

数据来源：国家统计局

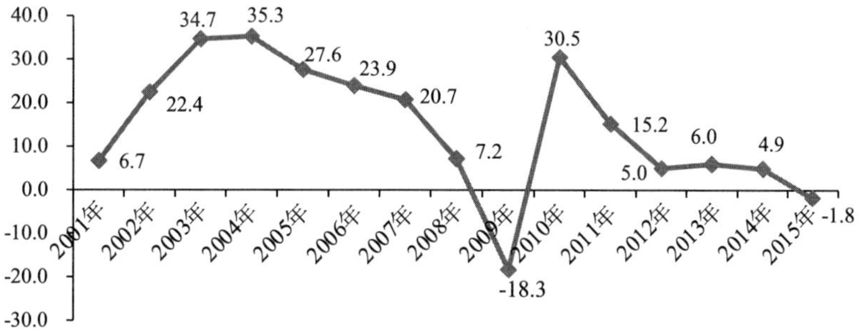

图 1-10：2001-2015 年货物出口总额（人民币）同比增速（%）

数据来源：国家统计局

五、规模以上工业增加值增长放缓

“十二五”时期，我国工业结构调整力度较大，“高污染、高耗能、高耗水”行业去产能效果明显，高新技术工业得到一定提升。规模以上工业增加值增速呈逐年放缓趋势。根据国家统计局数据，“十二五”时期，我国规模以上工业增加值累计增长 57.9%，增速较“十一五”时期下滑 42.4 个百分点。其中，2015 年规模以上工业增加值同比增长 6.1%，增速继续放缓。

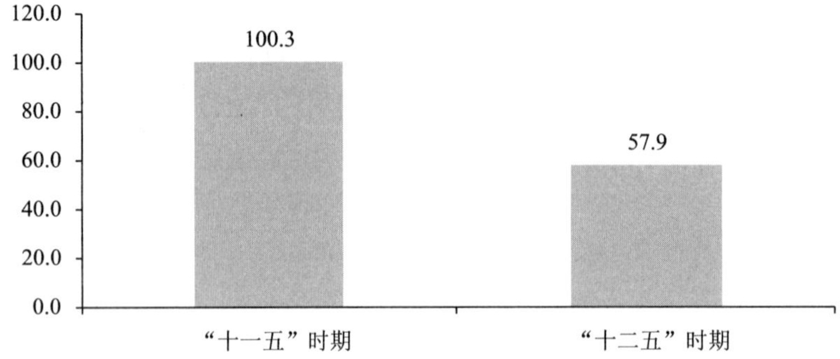

图 1-11：“十一五”、“十二五”时期规模以上工业增加值累计增速（%）

数据来源：国家统计局

图 1-12：2005-2015 年规模以上工业增加值同比增速（%）

数据来源：国家统计局

高技术产业得到迅速发展。根据国家统计局发布的数据，“十二

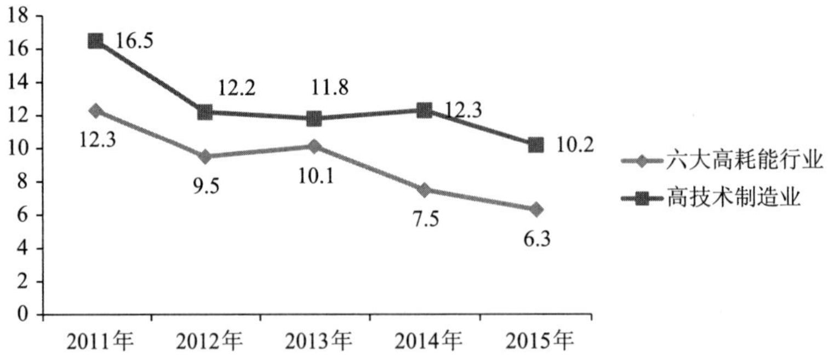

图 1-13：2011-2015 年规模以上高耗能和高技术制造业增加值同比增速（%）

数据来源：国家统计局

五”时期，规模以上工业中，高技术制造业增加值累计增长 80.9%，六大高耗能行业增加值累计增长 54.7%。从各年同比增速来看，高技术制造业均高于六大高耗能行业，也高于规模以上工业增加值整体增速。2015 年，高技术制造业占规模以上工业增加值的比重达到 11.8%。

六、货币供应量增速放缓

“十二五”时期，我每年货币增发速度保持在 13%左右，较“十一五”时期有一定程度的放缓。“十二五”时期末，我国广义货币供给量（M2）余额达到 139.2 万亿元，较 2010 年末增长 91.7%，增速较“十一五”时期大幅放缓 51.3 个百分点。

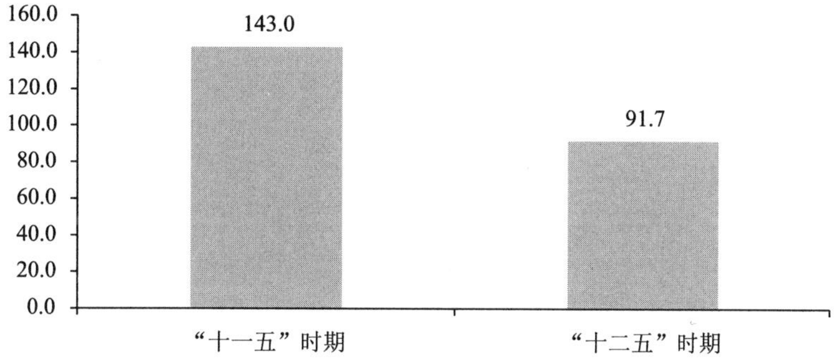

图 1-14：“十一五”、“十二五”时期我国广义货币量累计增速（%）

数据来源：国家统计局

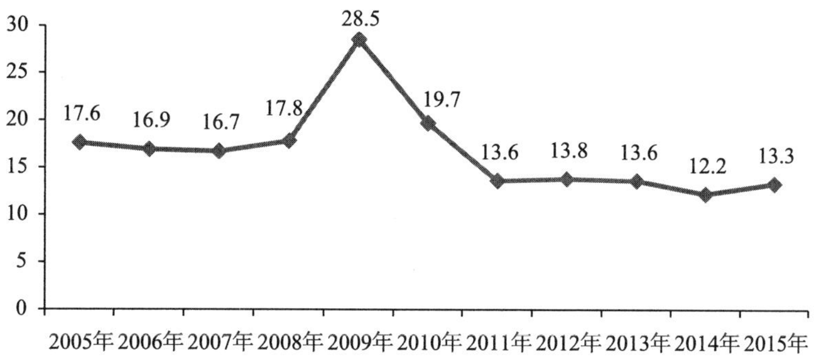

图 1-15：2005-2015 年我国广义货币量同比增速（%）

数据来源：国家统计局

七、物价涨幅回落明显

“十二五”时期，我国物价涨幅回落明显。居民消费价格指数（CPI）累计上涨 14.8%，涨幅较“十一五”时期下降 0.8 个百分点；商品零售价格指数（RPI）累计上涨 9.7%，涨幅较“十一五”时期下降 3.4 个百分点；工业生产者出厂价格指数（PPI）累计下降 4.9%，增速较“十一五”时期大幅回落 18.2 个百分点。

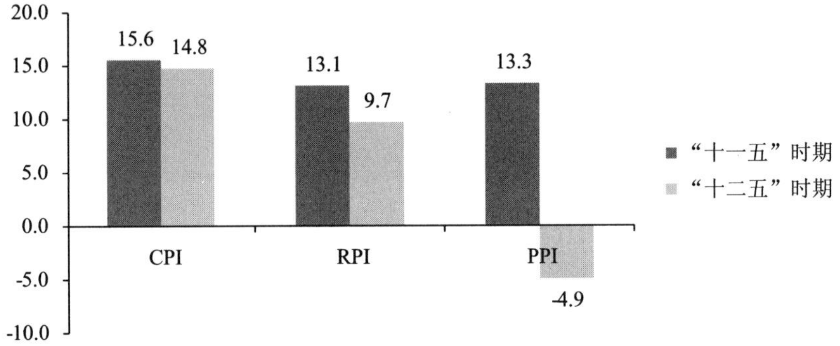

图 1-16：“十一五”、“十二五”时期我国物价累计涨跌幅（%）

数据来源：国家统计局

八、消费对经济增长的贡献率提升较快

“十二五”时期，在投资增速回落和外贸遇冷的情况下，消费为我国经济实现稳定增长起到了关键作用。2015 年，最终消费支出对经济增长的贡献率达到 66.4%，为 2001 年以来最高，较“十二五”时期的次高贡献率（2011 年）再提高 3.6 个百分点。

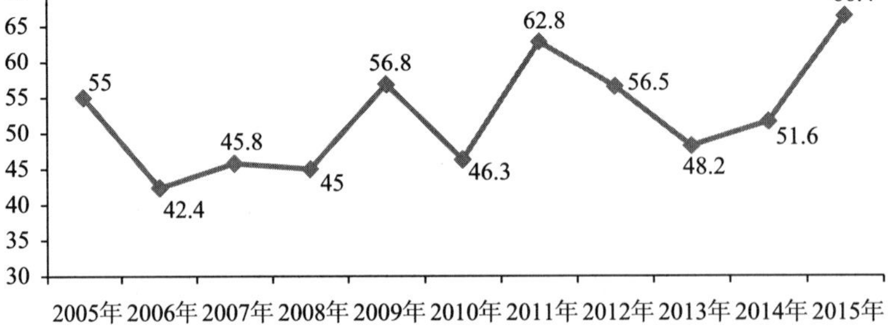

图 1-17：2005-2015 年我国最终消费支出对经济增长贡献率（%）

数据来源：国家统计局

第二部分　2015 年我国消费品市场运行情况

一、“十二五”时期我国消费品市场主要特点

（一）消费品市场增速放缓

“十二五”时期，我国消费品市场依然保持较快的增长速度，社会消费品零售总额分别于 2012 年和 2015 年跨过二十万亿和三十万亿的台阶。但另一方面，由于基数较大，市场增速也随之放缓。“十二五”期间，社会消费品零售总额累计增长 91. 7%，增速较“十一五”时期下降 38 个百分点，扣除价格因素，实际增长 71. 1%，增速较“十一五”时期放缓 24. 1 个百分点。

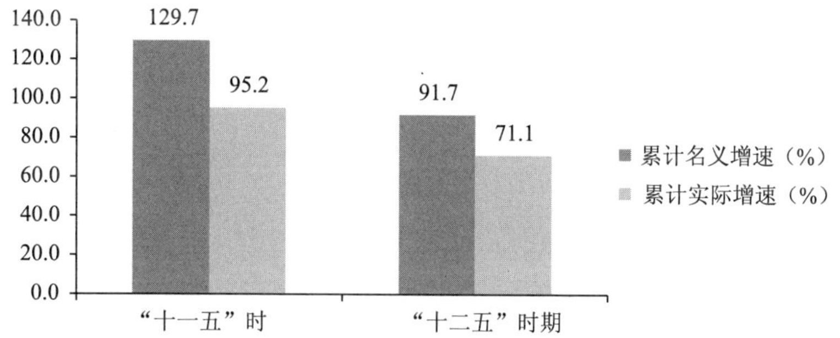

图 2-1：“十一五”、“十二五”时期我国社会消费品零售总额累计增速（%）

数据来源：国家统计局

社会消费品零售总额（1992 年以前是“社会商品零售总额”）从 1978 年的 1558 亿元到 1992 年的 10994 亿元，经历了 14 年时间，从万亿到五万亿（2003 年）经历了 11 年时间，从五万亿到十万亿（2008 年）经历了 5 年时间，从十万亿到二十万亿（2012 年）经历了 4 年时间，从二十万亿到三十万亿（2015 年）仅用了 3 年时间。

图 2-2：2005-2015 年我国社会消费品零售总额同比增速（%）

数据来源：国家统计局

（二）中西部地区消费品市场增长较快

“十二五”期间，我国各地区社会消费品零售总额累计增速均在60%以上。其中，增速在100%以上的地区，除海南外均为中西部地区。北京、上海、广东因商业发展较成熟，增长空间相对有限。长江干流沿线省份增长较快，除上海外，其他省份增速均在90%以上。北方工业地区增长则相对乏力，河北、山西及东北三省的累计增速均不到90%，更不及全国平均水平。

表 2-1：“十二五”期间分地区我国社会消费品零售总额累计增速（%）（除西藏、台湾）

增　速	地　区
60%-80%	北京、上海、广东
80%-100%	天津、河北、山西、内蒙古、辽宁、吉林、黑龙江、江苏、浙江、福建、江西、山东、河南、湖北、广西、青海、宁夏、新疆
100%-120%	安徽、湖南、海南、重庆、四川、云南、陕西、甘肃
120%以上	贵州

数据来源：国家统计局

（三）大众消费快速增长

长久以来，奢侈性、炫富型消费对我国社会风气造成了严重的不良影响，铺张浪费的公款消费更是威胁到我党政权的稳定。十八大以来，随着我国严控“三公”消费、反腐倡廉的持续推进，政府消费支出比重开始下降，高端商品、餐饮增速大幅放缓，大众化消费热度快速提升。

2014 年，我国政府消费支出占最终消费支出比重为 26.3%，较 2013 年下降 0.7 个百分点，是自 2006 年以来政府消费比重最低的一年。

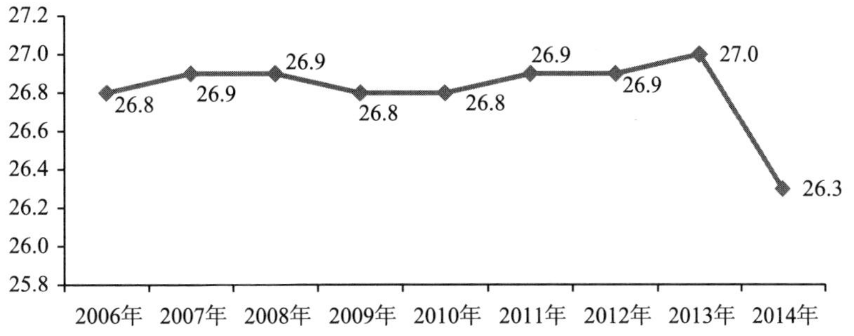

图 2-3：2006-2014 年政府消费支出占最终消费支出比重（%）

数据来源：国家统计局

“十二五”时期，限上单位商品零售额增速持续放缓，由 2011 年的 23.2%下降至 2015 年的 7.9%，累计降幅达到 15.3 个百分点。限上单位餐饮收入增速则由 2011 年的 19.7%下降到 2015 年的 7%，甚至在 2013 年出现同比 1.8%的负增长。

另一方面，限下消费在“十二五”期间保持着两位数的增长速度，2015 年限下单位商品零售额同比增长 13.4%，增速高于限上 5.5 个百分点，限下单位餐饮收入同比增长 13.5%，增速高于限上 6.5 个百分点。

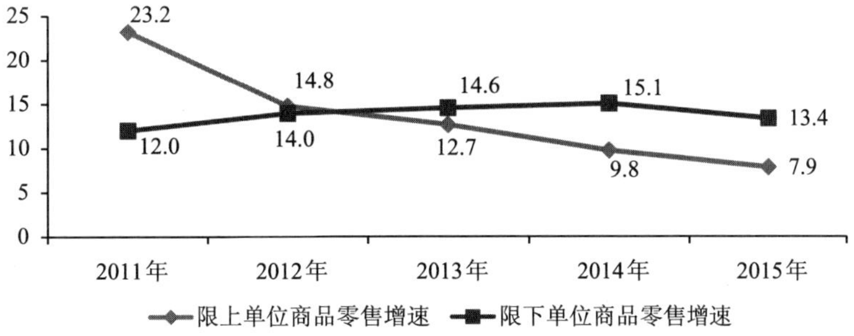

图 2-4：2011-2015 年商品零售额增速（%）

数据来源：国家统计局

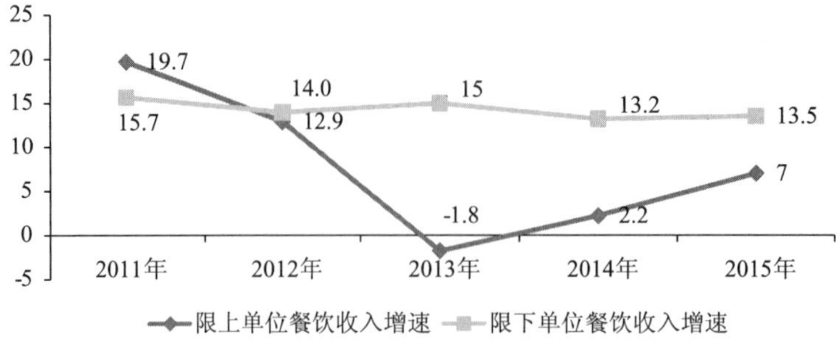

图 2-5：2011-2015 年餐饮收入增速（%）

数据来源：国家统计局

（四）消费向服务型、享受型倾斜

随着我国经济步入新常态，消费商品由以基本生活品为主到以发展、享受型消费品为主，消费结构由衣、食消费向住、行消费转移，服务型消费占居民消费比重持续提高。特别是旅游消费、文化体育娱乐消费、信息消费和健康消费等成为消费市场新的增长点。2015 年，我国居民在交通通信、医疗保健和教育文化娱乐的消费支出占比达到 31.7%，较 2014 年同期提高 1.0 个百分点，较 2013 年同期提高 1.9 个百分点。而 2015 年，我国居民在食品烟酒、衣着和居住上的消费支出占比则为 59.8%，较 2014 年同期下降 0.9 个百分点，较 2013 年同期下降 1.9 个百分点。

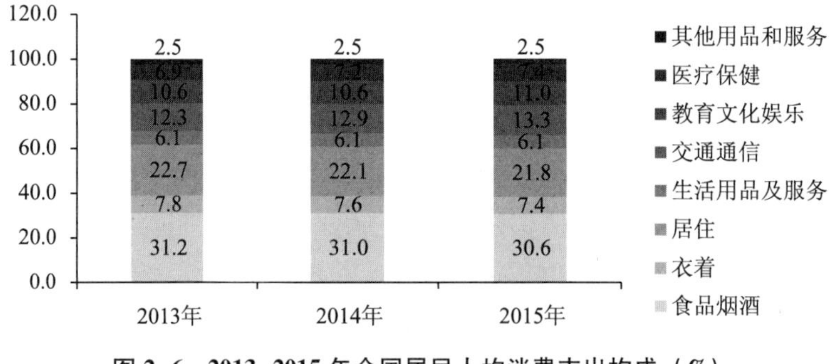

图 2-6：2013-2015 年全国居民人均消费支出构成（%）

数据来源：国家统计局

而过去的热点商品，包括汽车、石油、家电、金银珠宝和服装等，在经济增速放缓、存量上升、以及成本高涨等多重因素作用下，居民消费增长较之前有所放缓。2011 年至 2015 年间，限上单位通讯器材零售额同比增速均在 20%以上，其中，2015 年通讯器材同比增长 29.3%，增速明显高于其他各类商品。

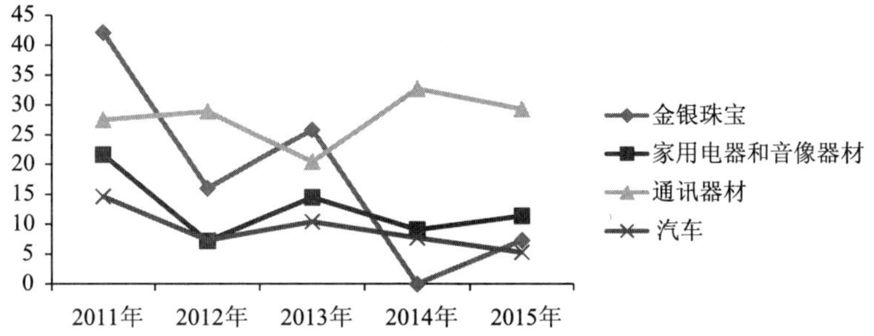

图 2-7：2011-2015 年四类限上单位商品零售额增速（%）

数据来源：国家统计局

（五）网购规模迅速扩大

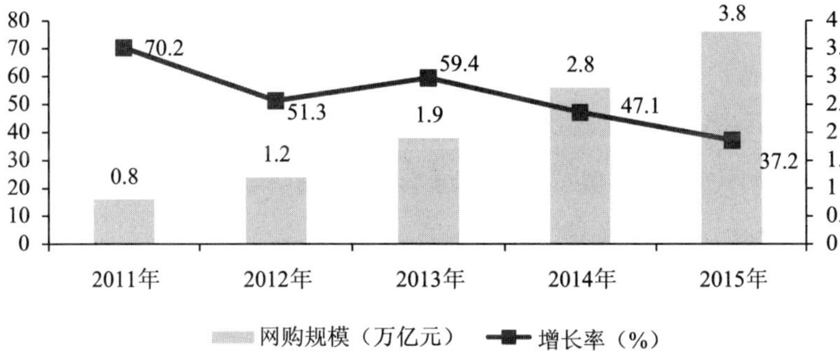

图 2-8：2011-2015 年[1]我国网购市场规模

数据来源：艾瑞咨询

“十二五”时期，我国电子商务快速发展，网购规模不断扩大，特别是智能手机、平板电脑等移动端的快速普及，带动移动端购物迅猛发展。我国网购市场之所以能在这一时期迅速崛起，其主要原因有三：一是具有庞大的消费群体。截至 2015 年底，全国网民规模达到 6.9 亿人，比 2010 年增长 51%，互联网普及率从 34.3%提高至 50.3%，上网成为大部分消费者的日常习惯；二是我国物流劳动力成

① 2015 年为预测数据

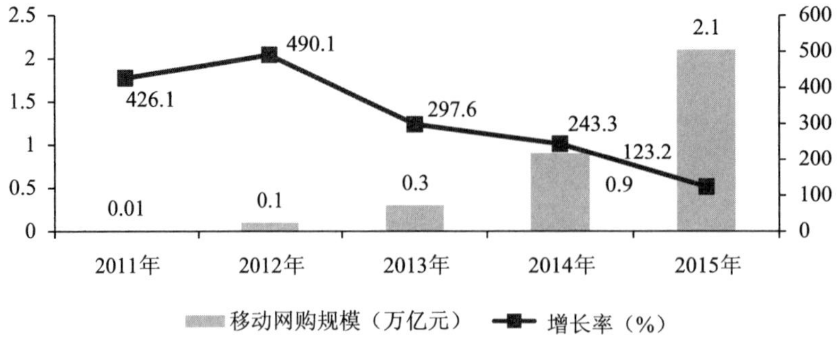

图 2-9：2011-2015 年①我国移动购物市场规模

数据来源：艾瑞咨询

本相对发达国家较低，廉价的物流配送支持我国电商快速形成规模优势；三是我国实体商业经过多年的高速增长，联营、多级代理等经营模式的效率出现下滑，成本上涨又提高了消费终端的负担，而电商正是抓住这一机会，以“低价”、“便捷”的优势，快速吸引消费者，实现增长速度和媒体热点的“逆袭”。

根据艾瑞咨询数据，2015 年我国网购市场②规模达到 3. 8 万亿元，是 2011 年市场规模的 4. 8 倍。其中，移动网购规模达到 2. 1 万亿元，占整体网购的比重为 55%，较 2014 年提高 21. 3 个百分点。

（六）旅游、户外消费大幅增长

“十二五”时期，随着中产阶级快速崛起和消费结构升级，以旅游和户外为代表的体验式消费快速增长，成为拉动我国消费品市场增长的新引擎。

根据马斯洛需求层次理论，我国居民已经基本满足了衣、食、住、行等基本的生活性需要，开始转向追求更高层次的精神需要，在这种情况下，深度旅行、运动健身、休闲度假等生理和心理的体验式消费成为热点，而马拉松、骑行、滑雪、登山等主题活动也日益成为年轻一代热衷分享和攀比的生活内容，成为一种时尚。

一方面，旅游消费已经成为我国消费市场的一个亮点，根据国家旅游局发布的数据，2015 年，中国国内旅游突破 40 亿人次，旅游收

① 2015 年为预测数据

② 包括网购商品和服务

入过4万亿元人民币，出境旅游1.2亿人次。中国国内旅游、出境旅游人次和国内旅游消费、境外旅游消费均列世界第一；而据世界旅游业理事会（WTTC）测算：中国旅游产业对GDP综合贡献达到10.1%，已经超过教育、银行、汽车产业。另一方面，随着国民生活方式越来越注重追求自然、运动、体验、健康，户外运动及健身迅速崛起，我国户外用品及相关市场作为朝阳产业正在高速发展，如汽车中SUV销量增速加快，此外，“户二代”成为户外市场的一个热门词汇，青少年甚至儿童户外用品市场的消费需求也在迅猛增长。

（七）年轻化、多样化、圈层化消费特征显现

“十二五”时期，我国消费者的消费心理和消费特征都发生了明显的变化。

从外在因素来说，限制“三公”消费，改变了过去以模仿型、排浪式消费为主的消费行为，鼓励大众消费。电商的崛起，不仅冲击了实体零售的业绩，更迫使后者进行变革，提高经营效率，提升购物体验并积极引导和创造消费需求。

从内在因素来看，消费特征产生巨大变化的最核心因素是，消费群体结构在改变。80后、90后成为当前的消费主力，改革开放带来的巨大经济成就，使得这一代人具有相对过去更好的家庭经济基础。同时在中西方多元文化的共同作用下，越是年轻的消费群体，价值观也越是多元化。体现在消费上，就是消费的随意性较强、“月光族”较多、品牌忠诚度较低、既喜欢与众不同，又希望有自己归属的独特群体、对潮流时尚更加敏感。消费者的这些特征都增加了我国传统商场和品牌分析消费需求的难度，比较简单的方法，就是通过增加国内外“快时尚”门店吸引客流。

另外，随着我国人均收入持续提高，中产阶层迅速扩大。瑞士信贷的一份报告显示，2015年中国的中产阶层人群达到1.09亿人，成为世界上这一阶层人数最多的国家。这部分人群由于收入较高，工作压力较大，因而更追求舒适、享受和高效率的生活方式，更多的消费支出用于提高生活品质上，而满足生存需求的消费比例则相对较小。同时，中产阶层受教育程度较高，并具有自身独特的价值观和消费观，

因而他们的消费会显得更加理性，也更具圈层化特征。

二、2015 年消费品市场运行特点

（一）社会消费品零售总额增速放缓

2015 年，全年社会消费品零售总额 300931 亿元，比上年增长 10.7%，增速较上年放缓 1.3 个百分点；扣除价格因素，实际增长 10.6%，增速较上年放缓 0.3 个百分点。

从 2015 年各月社会消费品零售总额增长情况来看，下半年消费品市场增长情况好于上半年，自增速从年初的 10.7%下降至 4 月份的 10%之后，市场增速整体呈回暖趋势。

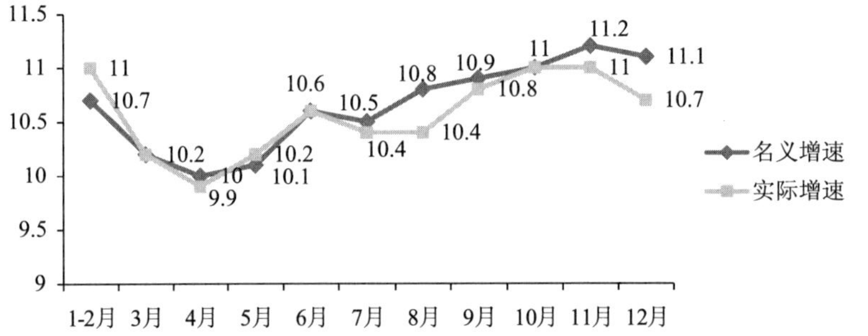

图 2-10：2015 年各月社会消费品零售总额增速（%）

数据来源：国家统计局

2015 年消费品市场增速放缓很大因素上是受到石油、汽车增速下滑的影响，特别是石油及制品，在国际油价大幅下跌 35%的情况下，2015 年我国限上单位石油及制品零售额同比下降 6.6%，2014 年则为

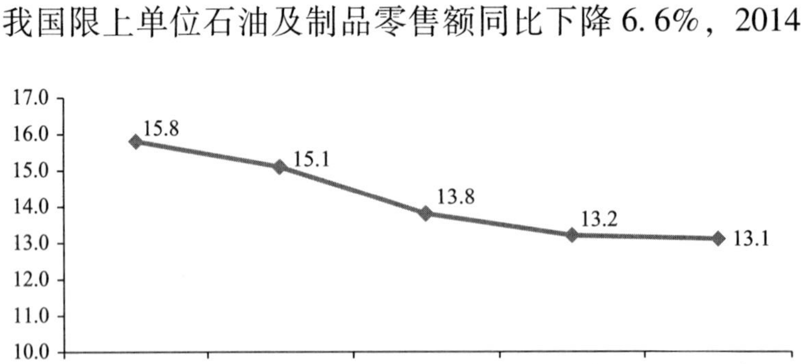

图 2-11：2011-2015 年扣除限上单位汽车、石油及制品社会消费品零售总额增速（%）

数据来源：国家统计局

同比增长6.6%，2011年这一增速更是高达37.4%。扣除限上单位汽车、石油及制品后，2015年我国社会消费品零售总额同比增长13.1%，增速较上年仅略微放缓0.1个百分点。

（二）网络零售增速放缓

2015年全年，全国网上零售额38773亿元，比上年增长33.3%。其中，网上商品零售额32424亿元，增长31.6%；网上服务零售额6349亿元，增长42.4%。

2015年，网上商品零售额占社会消费品零售总额比重达到10.8%，对社会消费品零售总额增长贡献度为26.8%，拉动社消总额增长2.9个百分点。扣除网上商品零售额，2015年我国实体店消费品零售总额为268507亿元，同比增长8.6%。

2015年，天猫“双十一”活动总成交额达到912亿元，同比增长59.7%，增速较上年下降3个百分点。

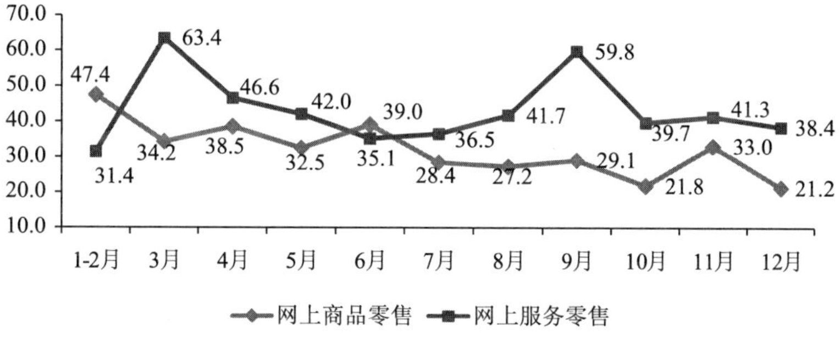

图2-12：2015年网上商品和服务零售额各月同比增速（%）

数据来源：国家统计局

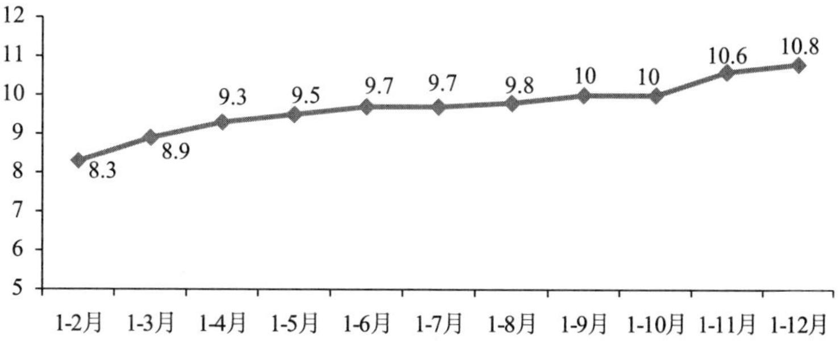

图2-13：2015年网上商品零售额占社会消费品零售总额比重（%）

数据来源：国家统计局

（三）城乡消费品市场增速均有所回落

2015 年，城镇消费品零售额 258999 亿元，同比名义增长 10.5%，增速较上年放缓 1.3 个百分点；乡村消费品零售额 41932 亿元，增长 11.8%，增速较上年放缓 1.1 个百分点。

扣除价格因素，城镇消费品零售额实际增长 8.9%，增速较上年回落 1.8 个百分点；乡村消费品零售额实际增长 10.4%，增速较上年回落 1.4 个百分点。

2015 年，城镇消费品零售额占社会消费品零售总额比重为 86.1%，较上年略降 0.2 个百分点。

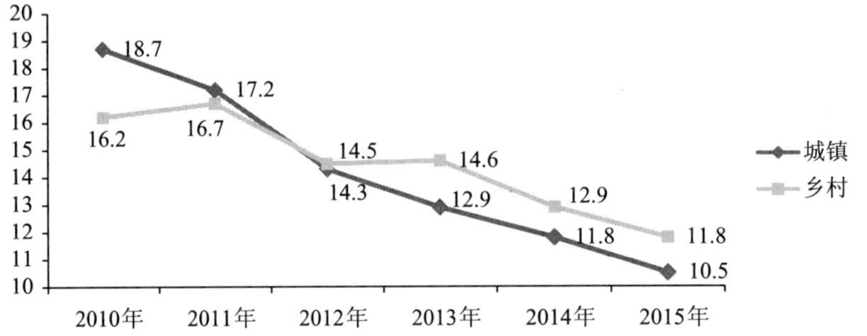

图 2-14：2010-2015 年城镇、乡村消费品零售总额名义增速（%）

数据来源：国家统计局

（四）餐饮业市场明显回暖

2015 年全年，餐饮收入 32310 亿元，比上年增长 11.7%，增速较上年提高 2.0 个百分点，自 2013 年餐饮市场增速陷入低谷后，连续第二年增速有所回升。其中，限上单位餐饮收入增速回升幅度较大，同比增长 7%，增速较上年提高 4.8 个百分点。

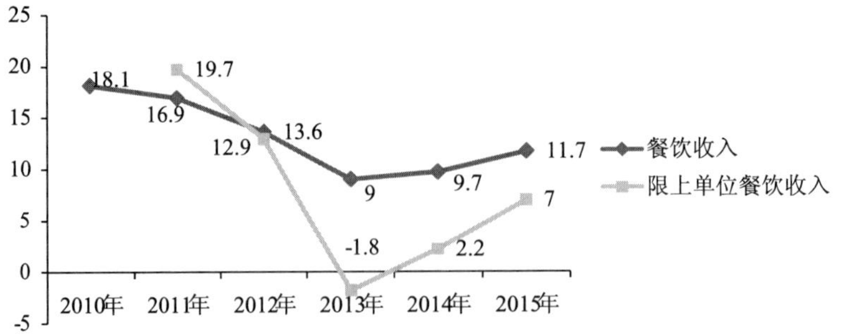

图 2-15：2010-2015 年餐饮收入同比增速（%）

数据来源：国家统计局

从各月增长情况来看，餐饮收入整体平稳快速运行，各月增速均在 11%以上。限上餐饮收入增速在 1 月至 10 月呈上升趋势，其中 7 月至 10 月增速均在 8%以上，但 11 月、12 月增速出现放缓。

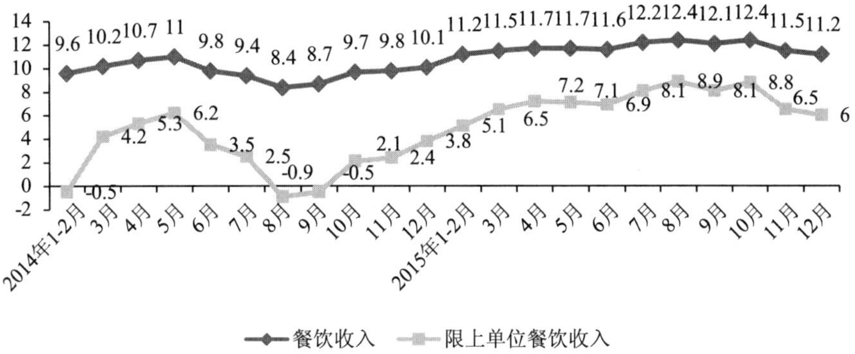

图 2-16：2014-2015 年餐饮收入各月同比增速（%）

数据来源：国家统计局

（五）大型零售企业增速继续回落

根据中华全国商业信息中心的监测数据，2015 年全年全国百家重点大型零售企业零售额同比下降 0.1%，增速相比上年回落了 0.5 个百分点，是该数据自统计以来首次出现同比负增长。100 家企业中，零售额同比下降的达到 64 家，其中降幅在 10%以上的（包括 10%）的 23 家，增长 10%以上的（包括 10%）9 家。

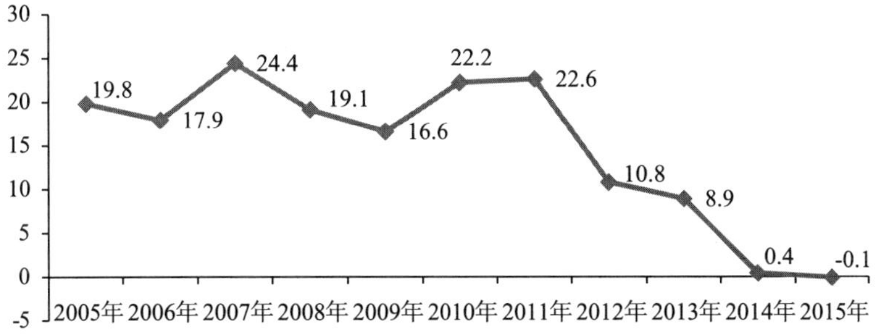

图 2-17：2005-2015 年百家大型零售企业零售额增速（%）

数据来源：中华全国商业信息中心

从月度数据来看，百家重点大型零售企业下半年增速陷入下行趋势，同期基数较高是下半年增速放缓的原因之一，另外电商对实体零售的冲击作用依然明显，例如家用电器，根据统计局数据，2015 年限上单位家用电器和音响器材零售额同比增长高达 11.4%，增速高于 2014 年 2.3 个百分点。而百家重点大型零售企业家用电器零售额同比下降 3.8%，降幅较上年扩大 2.2 个百分点，两者间的差距很大程度上是由消费渠道转移所造成。

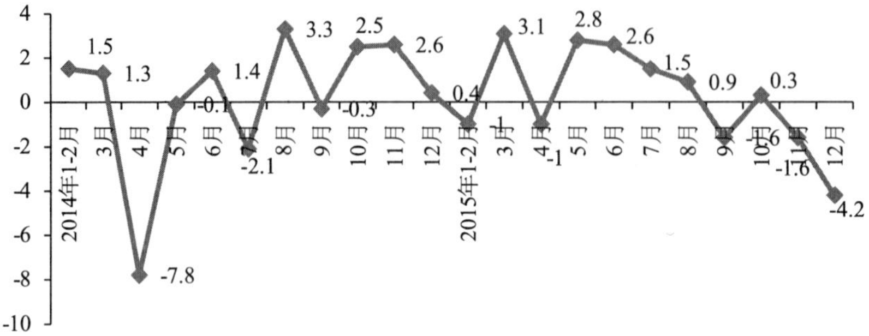

图 2-18：2014-2015 年百家大型零售企业零售额月度增速（%）

数据来源：中华全国商业信息中心

（六）多数商品市场回暖，石油、汽车放缓明显

2015 年，限额以上单位商品零售额同比增长 7.9%，增速较上年放缓 1.9 个百分点。在国家统计局统计的限额以上单位 13 类商品中（粮油、食品和饮料、烟酒合并计算），零售额增速比上年加快的有 7 类，较上年大幅提高的有 6 类。

其中，粮油食品、饮料烟酒类商品零售额同比增长 14.6%，增速较 2014 年加快 3.5 个百分点；金银珠宝增速为 7.3%，加快 7.3 个百分点；日用品增长 12.3%，加快 0.7 个百分点；家用电器和音像器材增长 11.4%，加快 2.3 个百分点；文化办公用品增长 15.2%，加快 3.6 个百分点；家具增长 16.1%，加快 2.2 个百分点；建筑及装潢材料类增长 18.7%，加快 4.8 个百分点。

表 2-2：2014-2015 年限额以上单位类别商品零售额增速及变动情况

类别	2014 年增速（%）	2015 年增速（%）	2015 年比 2014 年增减（百分点）
粮油食品、饮料烟酒	11.1	14.6	3.5
服装鞋帽、针纺织品	10.9	9.8	-1.1
化妆品	10	8.8	-1.2

续表

类 别	2014年增速（%）	2015年增速（%）	2015年比2014年增减（百分点）
金银珠宝	0	7.3	7.3
日用品	11.6	12.3	0.7
家用电器和音像器材	9.1	11.4	2.3
中西药品	15	14.2	-0.8
文化办公用品	11.6	15.2	3.6
家具	13.9	16.1	2.2
通讯器材	32.7	29.3	-3.4
石油及制品	6.6	-6.6	-13.2
汽车	7.7	5.3	-2.4
建筑及装潢材料	13.9	18.7	4.8

数据来源：国家统计局

2015年，在世界经济创六年新低、油价大幅下跌、我国经济结构调整等多重因素影响下，限上单位石油和汽车零售额增速出现放缓。特别是石油及制品，同比下降6.6%，增速较2014年回落13.2个百分点。2015年，限上单位石油及制品、汽车类商品对限上单位商品零售的增长贡献度合计仅为5.2%，较上年大幅下降27.3个百分点，扣除汽车、石油及制品，2015年限上单位商品零售额同比增长13.3%，高于2014年1.5个百分点。

2015年，限上单位通讯器材同比增长29.3%，增速虽较上年回落3.4个百分点，但相对其他品类商品，市场情况依然较好。

（七）物价增速回落较快

2015年，我国物价增长速度继续放缓，居民消费价格指数（CPI）增长1.4%，是2009年金融危机后最低涨幅，较上年再次回落0.6个百分点。其中，食品价格上涨2.3%，涨幅回落0.8个百分点，非食品上涨1.0%，涨幅回落0.4个百分点；消费品价格上涨1.2%，涨幅回落0.6个百分点，服务价格上涨2.0%，涨幅回落0.5个百分点。

2015年，商品零售价格指数（RPI）同比仅增长0.1%，增速较上年回落0.9个百分点。而在大宗商品价格回落、输入型通缩压力较大的影响下，工业品出厂价格（PPI）大幅下降5.2%，降幅较上年扩大

3.3 个百分点。

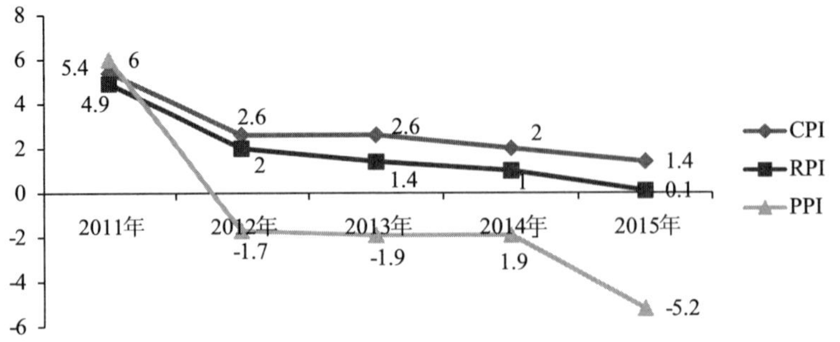

图 2-19：2011-2015 年物价涨跌幅（%）

数据来源：国家统计局

从 2015 年各月物价走势来看，下半年在食品类价格增速加快的影响下，CPI 涨幅高于上半年，RPI 也随之呈现下半年高于上半年的现象。但 PPI 下半年继续走低，且从 8 月份起，连续 5 个月为同比下降 5.9%。

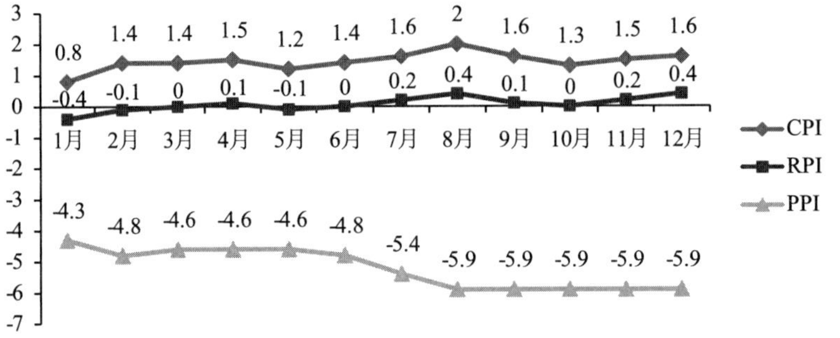

图 2-20：2015 年物价月度涨跌幅（%）

数据来源：国家统计局

三、2015 年主要商品销售运行情况

（一）2015 年我国服装市场销售运行情况

随着中产阶层消费群体的不断扩大，我国服装品牌在消化库存的同时，积极应对消费层次的不断丰富，从提升产品竞争力和提高营销渠道经营效率两个方面出发，合理定位品牌发展路线、有效利用资本打造“圈层消费”、加大面料、款式的研究创新力度、全渠道经营步入实质阶段，服装个性化、多元化程度更高，确保服装品牌在增长放

缓和竞争激烈的市场中，具备独特竞争优势。

1. 居民衣着类消费支出占比下降

居民衣着消费支出实现正增长，城镇居民衣着消费支出超过农村三倍。2015 年城镇居民人均衣着类消费支出为 1701.1 元，较 2014 年同期增长 4.5%；农村人均衣着类消费支出达到 550.5 元，较 2014 年同期增长 7.9%。一方面，城镇居民在衣着上的支出明显高于农村，超过农村居民衣着消费的三倍，但另一方面，农村居民衣着消费支出增速较快，表明其具有较大的增长潜力。

城乡居民衣着消费占比均呈下降趋势。2015 年，城镇人均衣着类消费支出占全部消费支出的比重为 8.0%，较上年同期下降 0.1 个百分点；农村人均衣着类消费支出占全部消费支出的比重为 6.0%，较上年同期下降 0.1 个百分点。

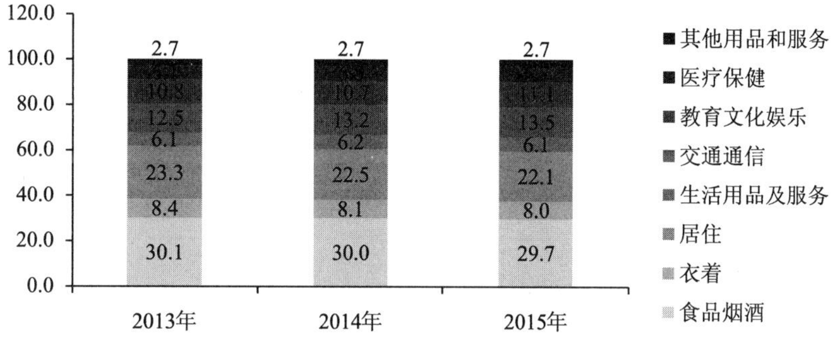

图 2-21：2013-2015 年城镇居民人均消费支出构成（%）

数据来源：国家统计局

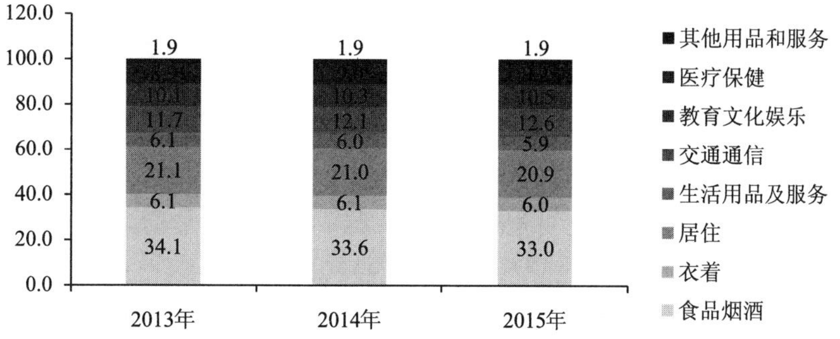

图 2-22：2013-2015 年农村居民人均消费支出构成

数据来源：国家统计局

我国居民消费结构向享受型消费倾斜。2015 年，我国居民在交通通信、医疗保健和教育文化娱乐的消费支出占比达到 32.3%，较 2014 年同期提高 1.0 个百分点，较 2013 年同期提高 1.6 个百分点。而 2015 年，我国居民在食品烟酒、衣着和居住上的消费支出占比则为 59.9%，较 2014 年同期下降 0.8 个百分点，较 2013 年同期下降 1.4 个百分点。

从其他国家的居民消费结构变化历史来看，包括衣着消费支出在内的满足基本需求的消费占比下降，是经济发展所伴随的一个客观规律。例如美国，包括医疗、文教娱乐、交通等享受型消费在总支出中的比重逐年上升，家庭用品及服务和衣着消费等生存型消费呈下降趋势。

2. 服装市场成交价格出现回落

根据统计局数据，2015 年，我国服装类居民消费价格同比增长 2.8%，增速较上年提高 0.2 个百分点。但从大型零售企业的服装成交价来看，2015 年服装类商品销售单价同比下降 3.6%，是 2003 年以来重点大型零售企业服装单价首次同比下滑。

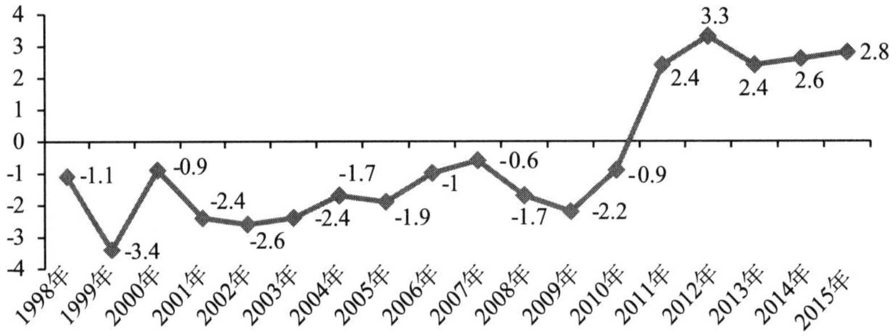

图 2-23：1998-2015 年我国服装类居民消费价格同比上涨（%）

数据来源：国家统计局

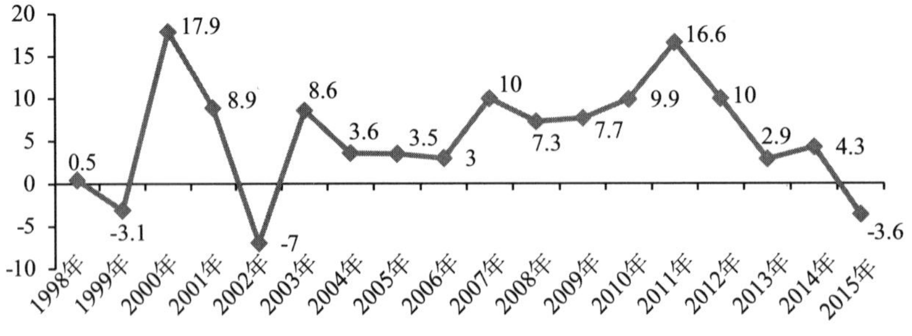

图 2-24：1998-2015 年全国重点大型零售企业服装类商品销售单价涨幅（%）

数据来源：中华全国商业信息中心

从 2015 年各月服装单价同比增速来看，自 4 月份起，重点大型零售企业的服装单价均不及上年同期，这也反映春节后，服装市场开始通过降价处理高库存。从市场实际情况来看，2015 年商家打折促销频繁，折扣力度较大的一线品牌对消费者具有较强的吸引力。

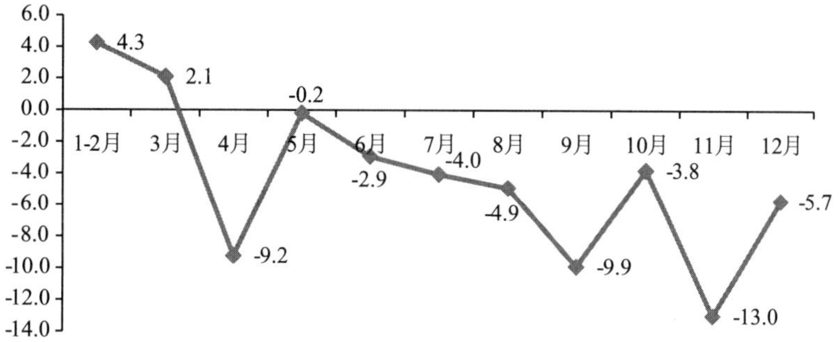

图 2-25：2015 年全国重点大型零售企业服装类商品销售单价月度同比涨幅（%）

数据来源：中华全国商业信息中心

3. 服装销售增速连续放缓

（1）限额以上企业服装零售额增速连续三年不及社消增速

2015 年限额以上企业（单位）服装商品零售额同比增长 9.6%，增速较上年放缓 1.2 个百分点，增长势头进一步放缓。这也是限上服装增速自 2013 年开始，连续第三年不及社会消费品零售总额增速。

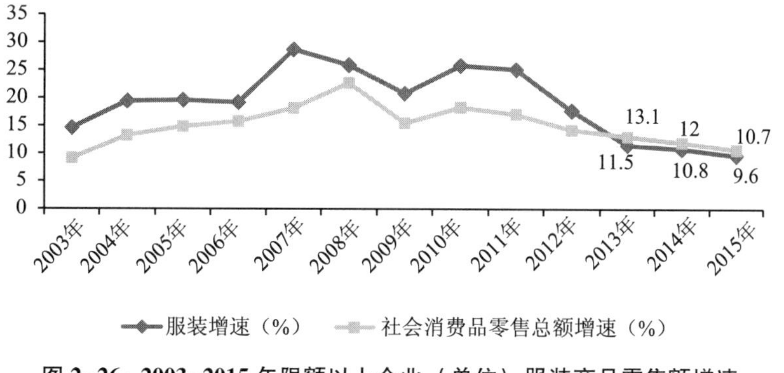

图 2-26：2003-2015 年限额以上企业（单位）服装商品零售额增速

数据来源：国家统计局

服装市场行情的不景气，导致一批纺织企业出现业绩下滑甚至倒闭。而一些品牌服装企业在利润下滑、成本压力、消化库存和发展转型的影响下，关店潮仍在持续。但从长远来看，服装品牌经营效率下

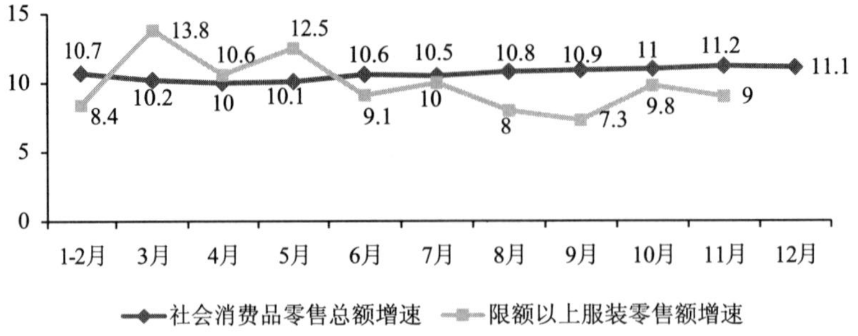

图 2-27：2015 年各月限额以上企业（单位）服装商品零售额增速（%）

数据来源：国家统计局

降的重要原因之一是商业地产的过剩，所以关掉盈利不强的店面，对服装品牌调整战略、从产品本身寻找出路未尝不是一件好事。

（2）重点大型零售企业服装零售额增速仅为 0.5%

根据中华全国商业信息中心统计，2015 年全国重点大型零售企业服装类商品零售额同比增长 0.5%，较上年下滑 3 个百分点，增速呈持续放缓趋势。

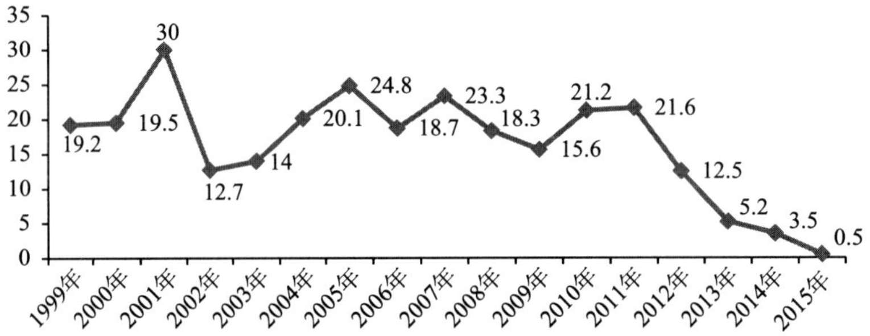

图 2-28：1999-2015 年全国重点大型零售企业服装类商品零售额增速（%）

数据来源：中华全国商业信息中心

价格大幅下降是 2015 年重点大型零售企业服装零售额增速放缓的直接原因。2015 年服装类商品销售单价同比下降 3.6%，是 2003 年以来重点大型零售企业服装单价首次同比下滑。

价格的下降带来了服装销量的大幅提升。2015 年全国重点大型零售企业各类服装零售量同比增长 4.3%，增速较上年大幅提高 5.1 个百分点。

从各类服装销量增长情况来看，男西装、男衬衫、女装、茄克衫、

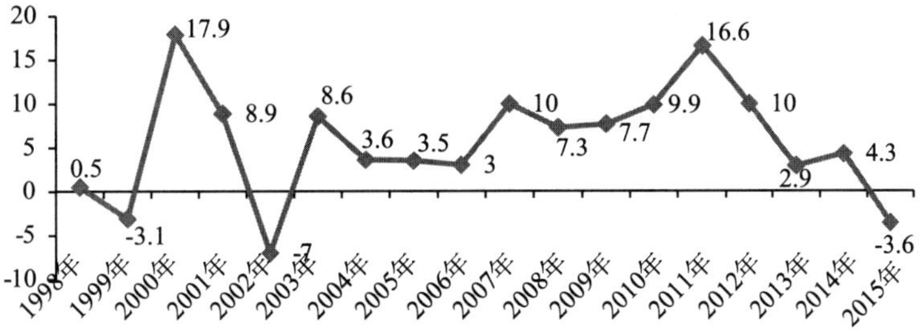

图 2-29：1998-2015 年全国重点大型零售企业服装类商品销售单价涨幅（%）

数据来源：中华全国商业信息中心

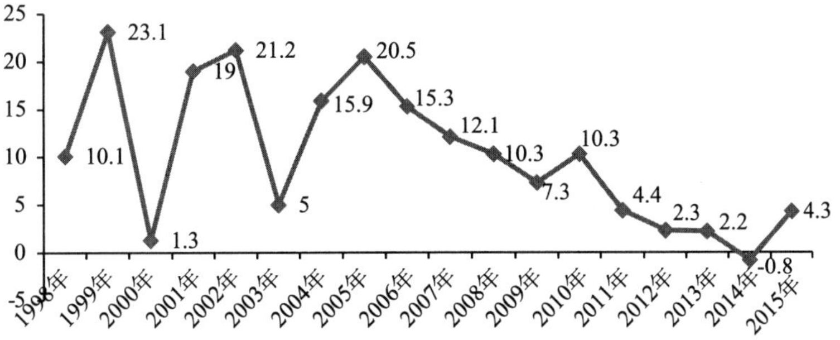

图 2-30：1998-2015 年全国重点大型零售企业各类服装零售量同比增速（%）

数据来源：中华全国商业信息中心

运动服、防寒服销量高于上年同期，T 恤衫、牛仔服、羊绒及羊毛衫虽然是负增长，但降幅有所收窄。12 类服装中，仅有 3 类销售量增速不及上年同期。

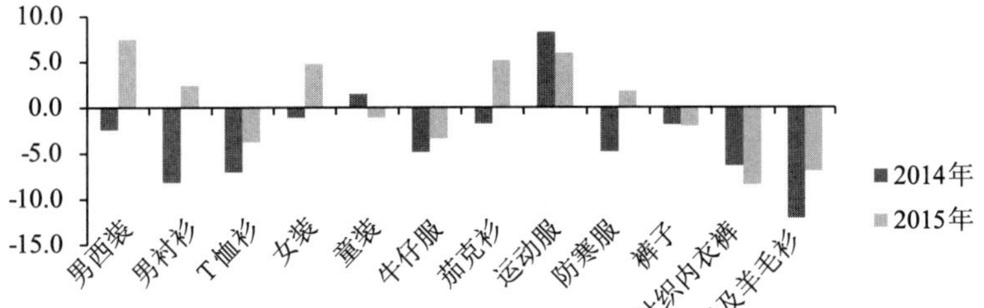

图 2-31：2014-2015 年全国重点大型零售企业各类服装销量同比增速对比（%）

数据来源：中华全国商业信息中心

4. 主要服装商品销售运行情况

（1）男装、女装：单价大幅下滑，销量显著提升，零售额不及上年

根据中华全国商业信息中心统计，2015 年全国重点大型零售企业男装零售额同比下降 0.8%，增速较上年放缓 4.5 个百分点，同时也低于服装类零售额平均增速水平 1.3 个百分点。

图 2-32：2009-2015 年全国重点大型零售企业男装类商品零售额增速（%）

数据来源：中华全国商业信息中心

从影响男装零售额增长水平的直接因素来看，2015 年男装单价出现较大幅度的下降，同比下降 6.1%，而 2014 年男装单价同比上涨了 8.8%。大幅降价也带来了销量的显著提升，2015 年男装销量同比增长 5.7%，增速较上年大幅提高 10.3 个百分点，是 2012 年以来的最高增速。

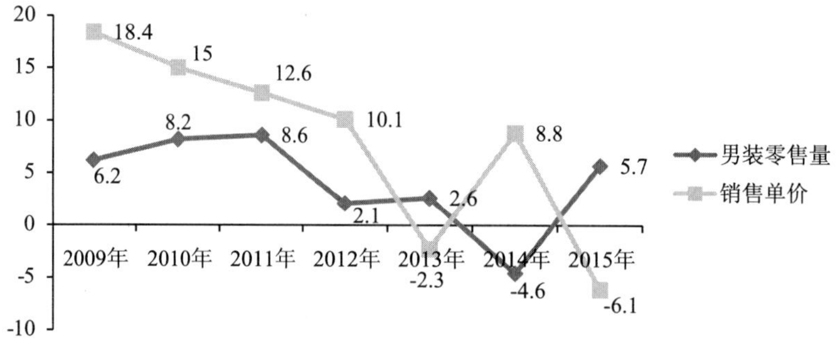

图 2-33：2009-2015 年全国重点大型零售企业男装商品零售量和销售单价增速（%）

数据来源：中华全国商业信息中心

女装方面，根据中华全国商业信息中心统计，2015 年全国重点大

型零售企业女装零售额同比下降 0.6%，增速较上年同期大幅下滑 6.8 个百分点，同时也低于服装类零售额平均增长水平 1.1 个百分点。

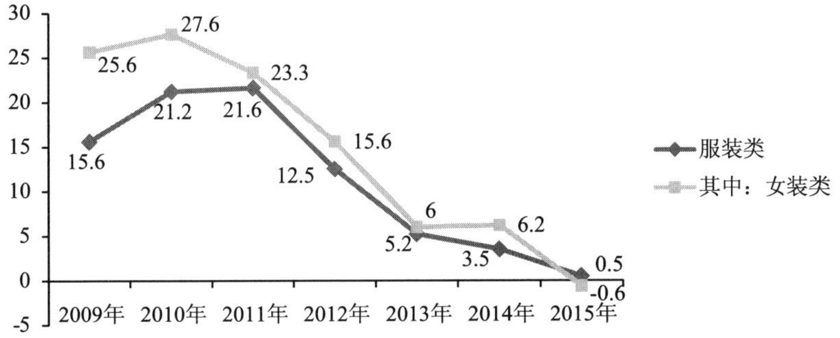

图 2-34：2009-2015 年全国重点大型零售企业女装类商品零售额增速（%）

数据来源：中华全国商业信息中心

从影响女装零售额增长水平的直接因素来看，2015 年女装单价同比下降 5.2%，增速较上年大幅下滑 12.6 个百分点。和男装类似，女装单价的下降同样带动了销量的提升。2015 年女装零售量同比增长 4.8%，增速较上年提高 5.9 个百分点。

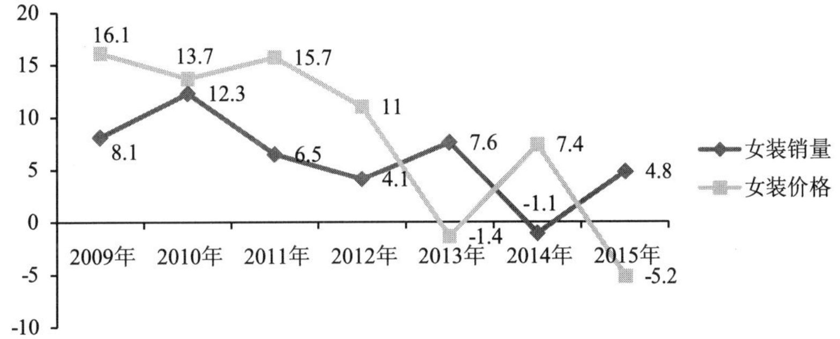

图 2-35：2009-2015 年全国重点大型零售企业女装商品零售量和销售单价增速（%）

数据来源：中华全国商业信息中心

（2）童装：零售额增长情况相对较好、量价增速均有所放缓

根据中华全国商业信息中心统计，2015 年全国重点大型零售企业童装零售额同比增长 2.1%，增速虽然较上年同期放缓 6.8 个百分点，但高于服装类零售额平均增长水平 1.6 个百分点，高于男装 2.9 个百分点，高于女装 2.7 个百分点。

2015 年，童装价格依然在上涨，但涨幅有所收窄，同比增长

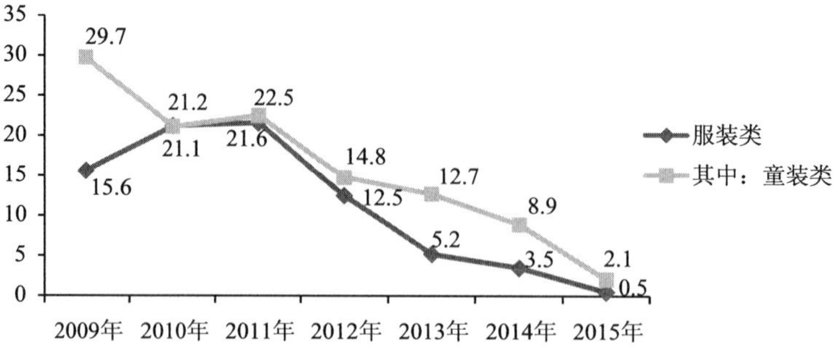

图 2-36：2009-2015 年全国重点大型零售企业童装类商品零售额增速（%）

数据来源：中华全国商业信息中心

3.2%，增速较上年放缓 4.1 个百分点。童装销量则出现了负增长，同比下降 1.1%。

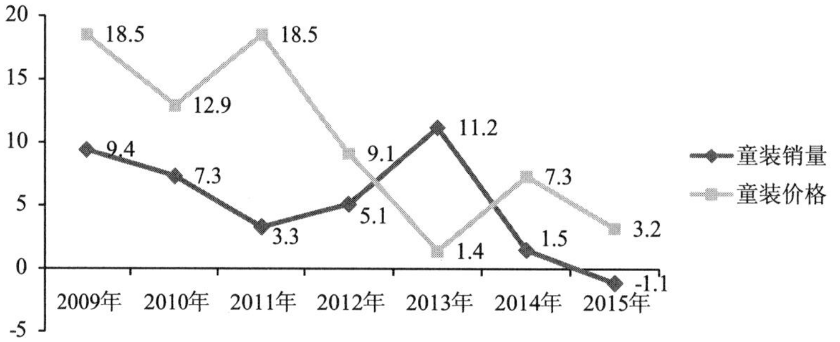

图表 2-37：2009-2015 年全国重点大型零售企业童装商品零售量和销售单价增速（%）

数据来源：中华全国商业信息中心

（3）运动服：零售量保持平稳快速增长

根据中华全国商业信息中心统计，2015 年全国重点大型零售企业

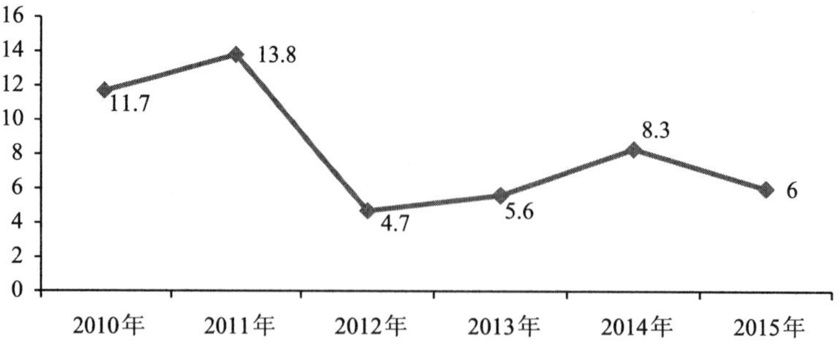

图 2-38：2010-2015 年全国重点大型零售企业运动服零售量增速（%）

数据来源：中华全国商业信息中心

运动服零售量同比增长 6%，虽然增速较上年放缓 2.3 个百分点，但和大部分其他服装品类比，增速相对较高。

（4）羽绒服：零售量继续下降，单价跌幅有所收窄

根据中华全国商业信息中心统计，2015 年全国重点大型零售企业羽绒服零售量同比下滑 6.9%，降幅较上年扩大 2.1 个百分点。

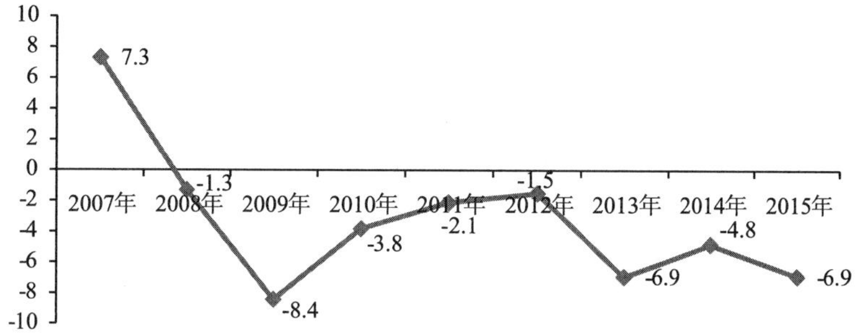

图 2-39：2007-2015 年全国重点大型零售企业羽绒服销量同比增速（%）

数据来源：中华全国商业信息中心

全国重点大型零售企业羽绒服销售单价则延续了上年的下降趋势，但降幅有所收窄，同比下降 3.1%，降幅较上年收窄 5.7 个百分点。

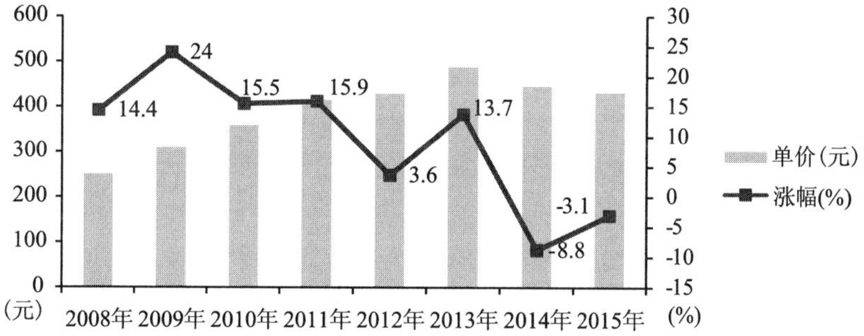

图 2-40：2008-2015 年全国重点大型零售企业羽绒服销售单价及同比涨幅

数据来源：中华全国商业信息中心

5. 2015 年服装市场呈现特点

（1）需求碎片化趋势不变，运动服品牌集中度略有上升

2015 年，服装消费需求仍呈现出需求碎片化、个性化的趋势，服装市场的竞争程度进一步加大。根据中华全国商业信息中心统计，2015 年，十五个服装品类中，仅运动服的前十品牌市场综合占有率合计比上年略微提高 0.1 个百分点，其他品类的服装市场集中度均不及

2014 年。

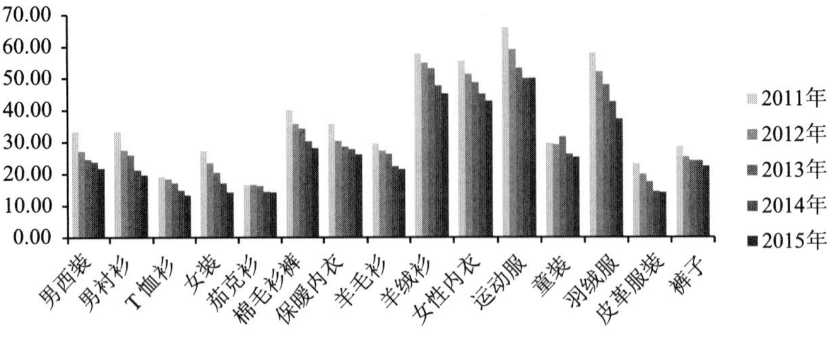

图 2-41：2011-2015 年全国重点大型零售企业服装商品销售前十位品牌市场份额合计（%）

数据来源：中华全国商业信息中心

从整个“十二五”时期来看，2015 年前十位品牌市场综合占有率合计相比 2010 年全部呈现下降，其中羽绒服下降幅度最大，高达 22.7 个百分点。男衬衫、女装、棉毛衫裤、保暖内衣、羊绒衫、女性内衣和运动服的前十位品牌市场综合占有率在“十二五”时期的降幅均在 10 个百分点以上。

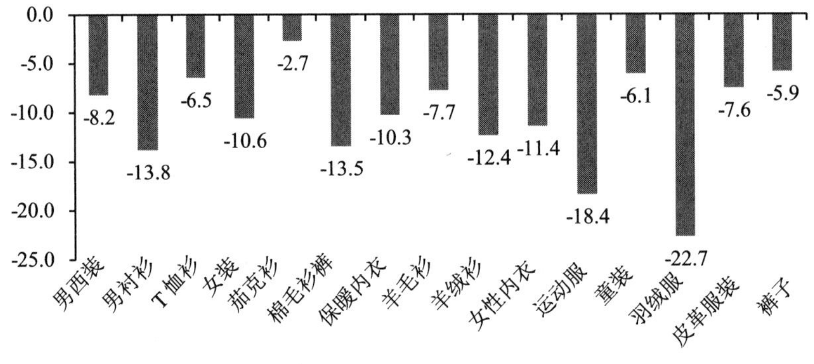

图 2-42：“十二五”时期全国重点大型零售企业服装商品销售前十位品牌市场份额变化（百分点）

数据来源：中华全国商业信息中心

服装品牌市场集中度的下降固然反映了当前消费需求分散化、小众化的特征，但另一方面也说明服装消费者对品牌的忠诚度在下降，款式、性价比等成为当前消费者购买决策的重要因素。反过来说，在“十二五”时期，很多曾在我国服装市场占据主导地位的品牌并没有很好地守住自己的市场地位，对消费者研究的懈怠、或是多元化发展分散了对服装创新的重视程度，都降低了其在市场中的竞争力。

（2）主要领先品牌市场份额仍在下降，波司登市场份额有所上升

从男西装、男衬衫、女装、羽绒服和裤子等服装品类的市场份额情况来看，“十二五”时期传统的领先品牌市场份额均有所下降。其中，2015 年男西装雅戈尔较 2010 年下降 2.5 个百分点，男衬衫雅戈尔下降 2.6 个百分点，女装 ONLY 下降 3.0 个百分点，女装 VERO MODA 下降 2.6 个百分点，羽绒服波司登下降 6.1 个百分点，裤子九牧王下降 3.8 个百分点。

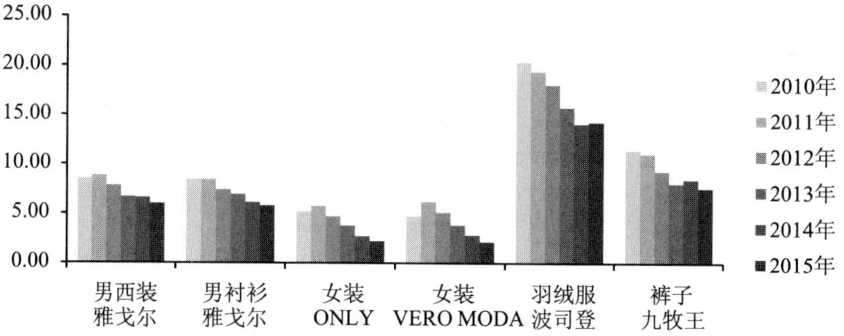

图 2-43：“十二五”时期全国重点大型零售企业主要服装商品领先品牌的市场综合占有率（%）

数据来源：中华全国商业信息中心

2015 年，大部分传统领先品牌市场份额不及上年，但波司登市场份额达到 14.3%，较上年提高 0.2 个百分点。从线上 B2C 渠道销售数据来看，波司登女士羽绒服销量占比为 5.1%，销售额占比为 5%，分别高于排名第二的优衣库 1.9 和 1.7 个百分点，成交均价为 361 元/

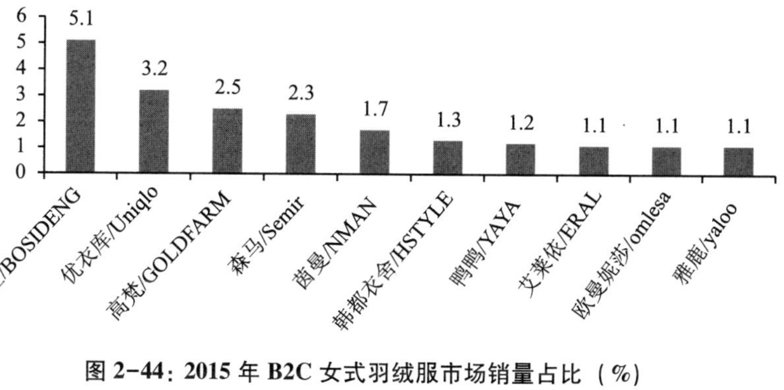

图 2-44：2015 年 B2C 女式羽绒服市场销量占比（%）

数据来源：中华全国商业信息中心

件，低于优衣库的383元/件，也低于女士羽绒服整体成交均价370元/件。另外，2015年男士羽绒服中波司登销售额占比为4.1%，仅低于马克华菲0.1个百分点，位居第二。

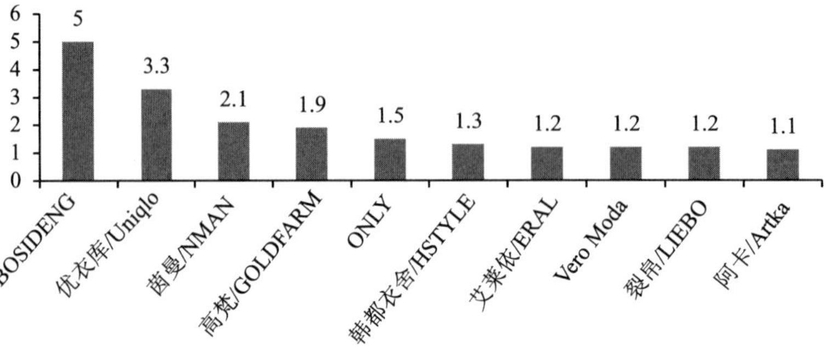

图2-45：2015年B2C女式羽绒服市场销售额占比（%）

数据来源：中华全国商业信息中心

（3）国内女装品牌显现出较强市场竞争力

国内女装品牌虽然起步晚于国际品牌，但近年来通过模仿、创新、扩张等方式，体现出较强的后发优势，为服装市场注入新的活力。同时，本土品牌对国内消费者的研究更为深入，在版型设计上更适合东方女性的身材，而在面料采选上，国内女装品牌则做出了积极的创新和尝试，这也为品牌增加一定的竞争力。

从市场反馈情况来看，本土女装品牌在经济不景气和国际品牌竞争的情况下，主要通过三种方式脱颖而出：

一是模仿国际快时尚品牌，走大众化路线。例如，拉夏贝尔和ZARA等快时尚品牌几乎处在同一价位，并且款式丰富，每周都有新款上架。在设计上，拉夏贝尔的设计面料、颜色、流行趋势参考国际潮流趋势，但在版型上主要针对国内消费者，而这一点是全球化国际品牌难以做到的。最后，2014年拉夏贝尔在香港上市，强大的资金实力使其10个子品牌占据了国内2000多个百货和购物中心，全直营门店更是超过7000家，快速扩张让消费者更容易了解品牌。

根据中华全国商业信息中心数据，2011-2015年，拉夏贝尔在女装品类中的品牌市场占有率排名从第12位上升至第4位，相对其他品牌上升幅度较大。

表 2-3：2011-2015 年全国重点大型零售企业拉夏贝尔女装市场综合占有率（%）及排名

	市场综合占有率（%）	排名
2011 年	1. 18	12
2012 年	1. 18	12
2013 年	1. 44	6
2014 年	1. 44	6
2015 年	1. 32	4

数据来源：中华全国商业信息中心

二是精准定位消费群体，形成自身独特风格。例如江南布衣，其崇尚的“自然、健康、完美”的生活方式很适合都市 25-35 岁的文艺、知识型女性群体，所采用的棉、麻等纯天然面料也很好契合了目标客户对服装低调、实穿的需求。在渠道拓展上，江南布衣已在中国大陆北京、上海、广州、深圳及海外北美、欧洲、东亚等地建立了直营公司，同时特许经营方式也使其拥有遍布全国各大中城市的加盟店和零售店。根据中华全国商业信息中心统计，江南布衣在女装中的市场占有率从 2013 年的第 81 位提升到 2015 年的第 36 位，近年来提升速度较快（2015 江南布衣在女装类市场综合占有率为 0. 38%，排名 36 位；2014 年市场综合占有率为 0. 29%，排名 54 位；2013 年市场综合占有率为 0. 20%，排名 81 位）。

三是加大面料研究创新力度，增强品牌核心竞争力。例如维格娜丝在 2015 年收购南京云锦研究所股份有限公司的全部股份。南京云锦是“人类非物质文化遗产代表作名录——南京云锦技艺”的申报主体，在巴黎时装周、米兰世博会等国际时尚圈内都有高级定制云锦礼服参与其中。维格娜丝和南京云锦的合作是国内传统手工艺面料和青春时尚的一次融合尝试，同时也向外界传达了品牌专注于提升服装核心竞争力，将民族文化元素融入国际化道路的决心。

6. 未来服装市场的发展趋势预测

（1）城镇化将成为品牌取得新增长的重要契机

“十二五”时期，我国城市商业地产快速发展，城市居民收入水平快速提高，本土服装品牌的发展与国际潮流趋势更为贴近，直营店与加盟店结合的发展模式推动品牌快速扩张。但商业的过快发展使得服装品牌在一、二线城市商业体中的开店数量接近饱和，“千店一面”现象也在降低品牌单店的经营效率。在收入增长不乐观的预期下，一、二线城市居民在服装上的开支增速也将随之放缓，而农村地区消费者的需求层级仍相对较低，因此未来服装品牌真正需要挖掘的是三级县城市场以及超级大镇市场。

一方面，随着城镇化的持续推进，县镇地区的商业地产将快速崛起，为服装品牌扩张提供了空间。县镇居民的生活成本相对较小、攀比心理较强，消费者购买服装的冲动和效率甚至高于许多一、二线城市工薪阶层。另一方面，县镇居民对服装品牌的认知度在不断提高，对快时尚或知名品牌具有较强的购买欲望，因此服装品牌进驻这些地区具有一定的消费基础。

（2）二胎政策全面放开将释放童装市场巨大潜力

2015 年 10 月，十八届五中全会决定，全面放开二胎政策。至此，实施了 30 多年的独生子女政策正式宣布终结。全面二胎政策放开，预计每年增加 150 万新生儿。“4+2+1”或“4+2+2”的家庭结构和品牌意识增强的消费观，将催生出一种孩子主导消费的新型文化。

同时，随着家庭收入不断提升，童装平均购买价格也在逐年提高。根据中华全国商业信息中心统计，2011 年至 2015 年全国重点大型零售企业的童装单价累积上涨 19.4%，平均每年增长 4.5%。单价的上涨和儿童人数的增多将带动童装市场的整体上涨。

另外，70-90 后父母的品牌意识更强，对其颜色、款式、质量要求更高，更愿意在孩子身上投入，童装品牌化、专业化、品质化、时尚化的趋势逐渐形成。另外，相比价格与款式，家长最关注的无疑是童装的安全，《婴幼儿及儿童纺织产品安全技术规范》的发布将进一步规范市场，为童装品质提出更高的要求。

国内童装市场的竞争也将更加激烈。目前国内童装市场主要由 4 类品牌构成。第一类是国内纯童装品牌，例如：巴拉巴拉、安奈儿、小猪班纳、博士蛙、红黄蓝、好孩子、红孩儿等；第二类是国内成人服装品牌延伸至童装领域，例如：安踏、361 度、美邦服饰、杉杉、特步、以纯、佐丹奴等；第三类是国际品牌进入中国市场，例如：Mothercare、Adidas、Nike、ZARA、HM、GAP、UNIQLO等；第四类是国际卡通动漫品牌授权的童装品牌，例如：Disney、史努比等。随着国外强势童装品牌不断进入中国市场，童装产业竞争将不仅仅停留价格和生产能力的层面上，更多的是对自主品牌设计、精准定位市场、细分客户群体、多品类供应等企业核心能力的竞争。

（3）跑步经济将促使户外运动服饰向专业化发展

休闲户外产品曾一度成为国内运动品牌转型的方向，其定位在入门级的户外运动产品，主要用于旅行和健身，因此更加强调产品的时尚度和潮流度，价位相对偏低。但近年来，以“微信晒步”为代表的各种运动软件促生了“圈层化”的生活特征，运动健身成为以中产阶层为主的消费群体生活时尚，消费者通过物联网将运动数据在社交平台分享，获得朋友的点赞和自我满足。

预计在“跑步经济”的带动下，科技化、专业化、社交化将逐渐成为户外产品的发展趋势，品牌将为服装、运动鞋等户外装备注入新的科技元素，并通过收购科技公司将产品向智能化的方向不断推进。同时，2016年奥运会、欧洲杯将一如既往地掀起全民运动的热潮，户外品牌应借此机遇，推出细分化的、专业化的运动体验店，同时利用明星的“正能量”提升品牌的形象，为品牌带来更多的“死忠粉丝”。通过这些手段，品牌将逐步渗透到消费者的运动生活，进而增加顾客与品牌的黏性。

（4）情感消费将促进实体店提升颜值

随着消费者收入水平的不断提高，满足基本生存需求的消费品市场已接近饱和，而精神需求、情感消费却得不到很好的满足。另一方面，即使网购对实体商业产生了较大冲击，但就线上服装品牌而言，规模发展受限、品牌生命较短的问题也逐渐暴露出来。因此，互联网服饰品牌在发展达到一定规模后，还是会着手开拓线下渠道以解决消费者网上购物的一些痛点，特别是通过打造能带给消费者独特体验的实体店，来提升品牌形象。

因为消费者越来越看重整体体验，实体店是品牌向消费者传达品牌文化和形象的重要渠道，无论品牌是走性价比还是时尚路线，实体店面一定要颜值高，这样才能吸引符合品牌形象，且具有购买力的消费者。

颜值高体现在两个方面，一是服装所陈列的环境要与品牌形象相匹配，比如无印良品的简洁精致，优衣库的严谨高品质，二是通过商品组合提供场景式消费，通过增加家居生活用品、饰品、花艺等元素，让人们在不经意间接受品牌所传递的文化，并产生消费。服装实体店将通过增加家居用品、彩妆、配饰、花艺等商品，与服装形成商品组合，为目标客户提供一种场景式购物的独特感觉。或是将图书馆、咖啡屋、瑜伽课或是运动指导等服务引入实体店内，通过丰富的活动和良好的体验加深品牌在消费者心中的印象。

（5）粉丝营销将成为品牌年轻化的重要手段

当前服装消费者具有年轻化的特征，为了吸引 80 后、90 后甚至 00 后消费者的关注，品牌在代言明星的选择上越来越突出年轻化、个性化和娱乐化，并且品牌和明星的合作将不仅限于广告，品牌聘请明星作为“创意总监”、“艺术总监”让他们更多的参与到产品研发当中，同时也为消费者传达产品品质值得信赖的讯息。

另外，知名社交平台的网红也将成为品牌宣传的一个重要渠道。最明显的是新浪微博，其有效粉丝数量虽然曾在微信等社交工具的冲击下快速流失，但通过这两年的大数据分析，实现了由纯粹社交平台向产品营销渠道的转变，将曾经流失的客户再次吸引回来。而阿里也通过与微博合作，让网红为淘品牌代言，符合了年轻人对颜值高、性价比高、圈文化的消费需求。

（二）2015 年我国家纺市场销售运行情况

1. 2015 年家纺实体店销售情况

（1）零售额增速连续四年下滑

根据中华全国商业信息中心数据，2015 年，全国重点大型零售企业针纺织品零售额同比下降 8.1%，相比上年增速下滑 13 个百分点；床上用品零售额增速在上年下降 3.9%的基础上继续下降 10.8 个百分点，针纺织品和床上用品零售额增速均连续四年下滑，且创 2006 年以来的最低增速。

消费个性化、需求多元化、电商的飞速发展、新技术的应用、店面租金和人工成本的不断上涨以及宏观经济结构的调整趋势都制约家纺零售业的发展，家纺零售行业进入结构性调整和经营创新的阶段。

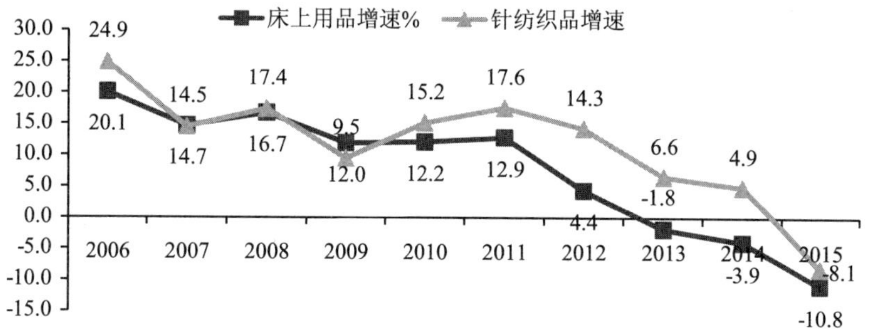

图 2-46：2006-2015 年全国重点大型零售企业针纺织品零售额和床上用品零售额增长情况（%）

数据来源：中华全国商业信息中心

（2）各线城市销售增速均呈现负增长

2015 年，一、二、三线城市重点大型零售企业床上用品零售额增速均呈现负增长，其中一线城市零售额增速从上年的 9.0%下降到-10.9%，二线城市在上年增速下降 7.0%的基础上再次下降 11.5 个百分点，三线城市降幅略有收窄，零售额增速从上年的-9.0%，略微上升至-7.6%。

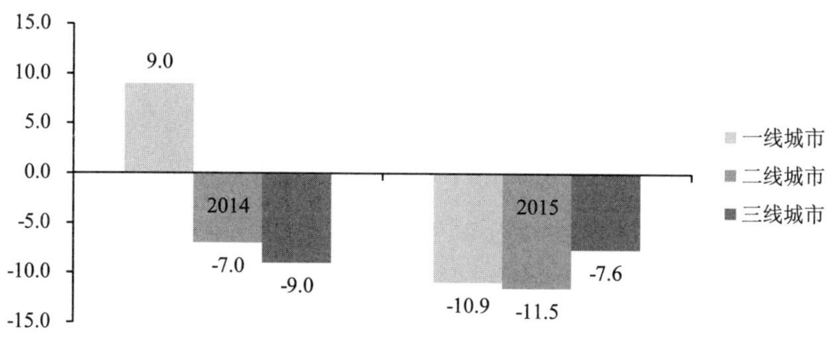

图 2-47：2014-2015 年全国重点大型零售企业一、二、三线城市床上用品零售额增速（%）

数据来源：中华全国商业信息中心

（3）品牌集中度出现分化

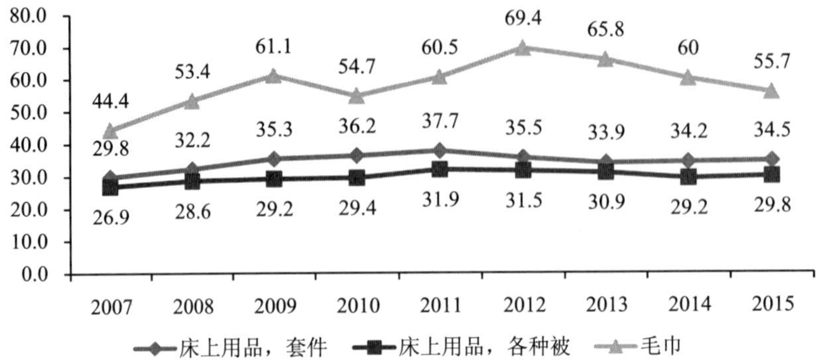

图 2-48：床上用品套件和各种被销售前十位品牌市场综合占有率合计（%）

数据来源：中华全国商业信息中心

2015 年，我国家纺各行业品牌集中度出现分化，其中床上用品市场品牌格局基本稳定，套件和各种被前十品牌集中度变化较小，2015 年相比上年略有上升。毛巾市场集中度则呈现明显的下降趋势，毛巾前十位品牌市场综合占有率之和从 2012 年的 69.4%连续下降至 2015 年的 55.7%。

（4）品牌家纺价格略有下降

2015 年全国重点大型零售企业床上用品套件平均单价为 614 元，比上年下降 10 元；各种被平均单价为 525 元，比上年下降 56 元；2015 年家纺产品销售单价涨幅有所回落，主要是受到了网上低价的冲击。

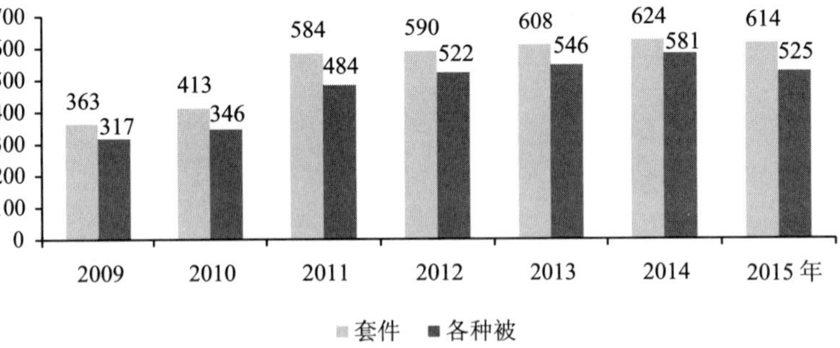

图 2-49：床上用品套件、各种被连续七年平均单价（元）

数据来源：中华全国商业信息中心

（5）国产品牌仍占据主要地位

目前，我国家纺本土品牌经过多年发展，日益成熟和壮大，占据主导地位，相比之下，国外品牌暂时落后，家纺市场上还鲜有被消费者广为接受的外资家纺品牌。根据中华全国商业信息中心数据，2015年，床上用品套件和各种被前十品牌均为国产品牌，床上用品套件前20的品牌中仅有来自美国的ESPRIT以1.3%的市场综合占有率排名第14位。

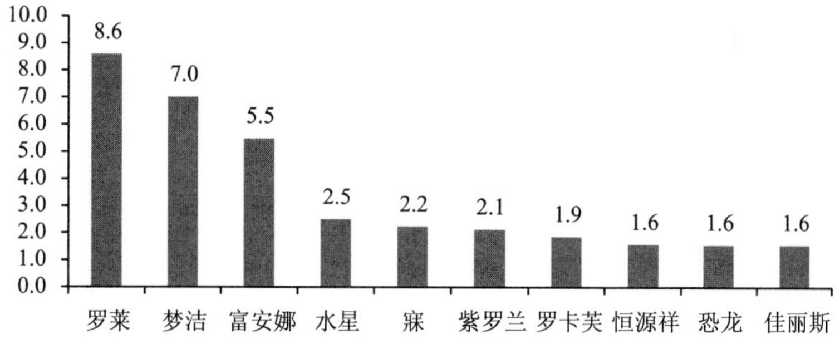

图2-50：2015年床上用品套件市场综合占有率排名前十品牌

数据来源：中华全国商业信息中心

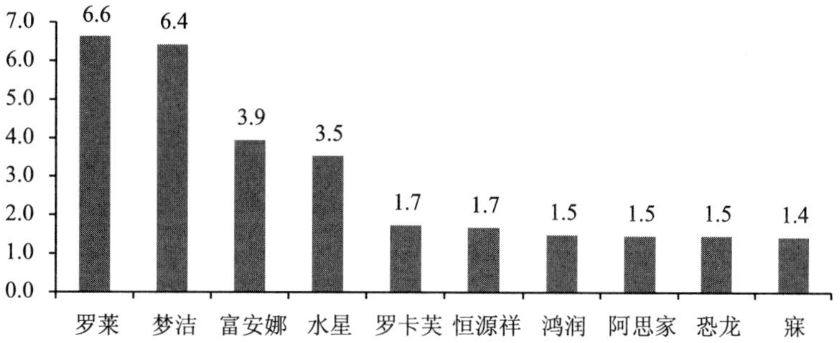

图2-51：2015年床上用品各种被市场综合占有率排名前十品牌

数据来源：中华全国商业信息中心

2. 2015年家纺网上销售情况

（1）家纺网络销售规模继续扩大

网购人群的不断扩大，也带动着家纺网络购物的飞速发展。近几年来，消费者购买家纺的渠道，也从线下终端向线上电子商务迁移，特别是网购主流人群——时尚女性、白领阶层对生活品质的要求不断提升，对家庭软装饰的重视，更使得家纺网购迅猛发展，据中国家用纺织品行业协会数据显示，2014 年家纺电商营业额 829 亿元，同比增 47%，2015 年家纺行业电商营业额约达到 1100 亿元。2015 年，相较与社会零售增速的放缓，网络零售仍然保持了较快的增长，未来，随着物流配送网络的进一步健全，网络购物普及率仍将进一步提高，带动销售规模继续增长。

（2）床上用品销售额、量同比增加，均价下降

2015 年，床上用品在 B2C 网络零售市场上共销售 6388.7 万件，销售额为 701263.6 万元，成交均价为 109.8 元，各月均价相比上年同期下降 14.0%。销售额排在前三位的品牌为：水星、lovo、南极人，其中水星的销售额最高，达到了 31505.6 万元。

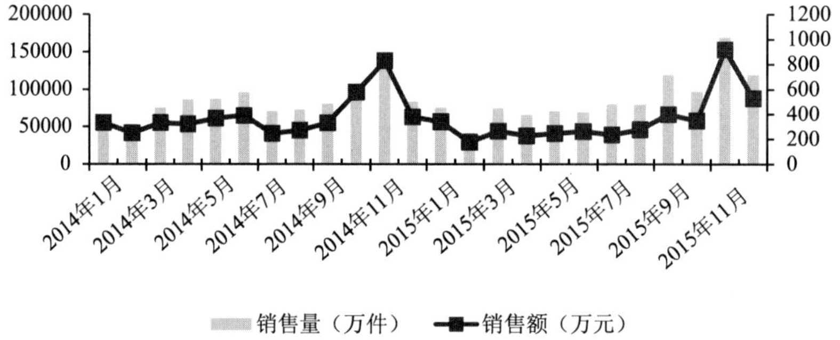

图 2-52：2014 年 1 月-2015 年 12 月 B2C 平台床上用品网络零售销售量和销售额

数据来源：中华全国商业信息中心

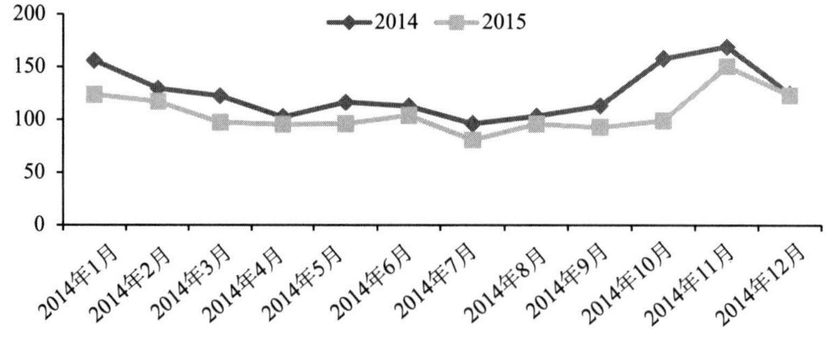

图 2-53：2014 年 1 月-2015 年 12 月 B2C 平台床上用品网络零售成交均价

数据来源：中华全国商业信息中心

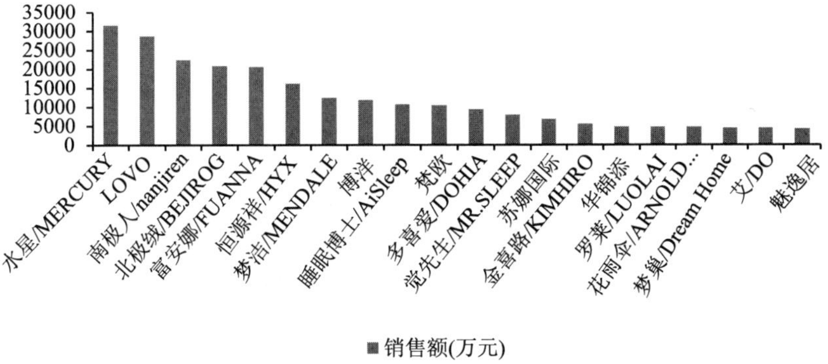

图 2-54： 2015 年 1 月-2015 年 12 月床上用品网络零售销售额排名 TOP20 品牌

数据来源：中华全国商业信息中心

（3）被子销售额、量同比增加，均价大幅下降

2015 年，被子在 B2C 市场上共销售 2564.6 万件，销售额为 326989.8 万元，成交均价为 127.5 元，均价相比上年同期下降 21.2%。销售额排在前三位的品牌为：水星、南极人、LOVO，其中水星的销售额最高，达到了 20060.3 万元。

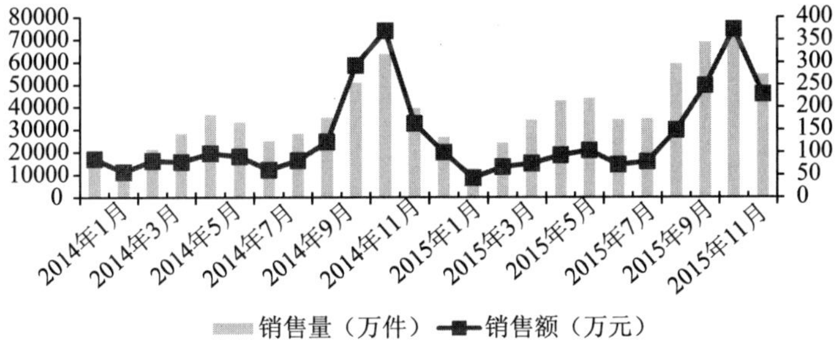

图 2-55：2014 年 1 月-2015 年 12 月 B2C 平台被子网络零售销售量和销售额

数据来源：中华全国商业信息中心

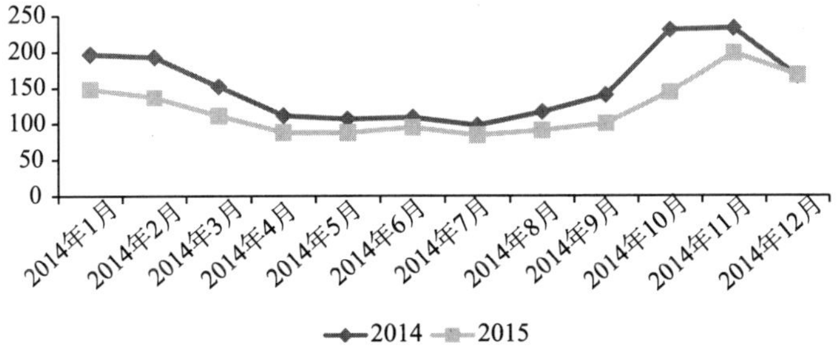

图 2-56：2014 年 1 月-2015 年 12 月 B2C 平台被子网络零售成交均价

数据来源：中华全国商业信息中心

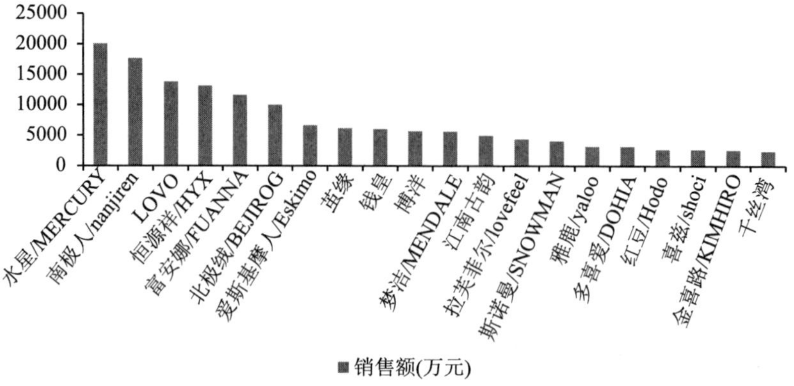

图 2-57：2015 年 1 月-2015 年 12 月被子网络零售销售额排名 TOP20 品牌

数据来源：中华全国商业信息中心

（4）毛巾、浴巾销售额、量同比增加，均价下降

根据中华全国商业信息中心的统计数据，2015 年 1 月，毛巾、浴巾在 B2C 市场上共销售 2859.5 万件，销售额为 61625.6 万元，成交均价为 21.6 元，均价相比上年同期下降 12.2%。销售额排在前三位的品牌为：洁丽雅、金号、三利，其中洁丽雅的销售额最高，达到了 8881.3 万元。

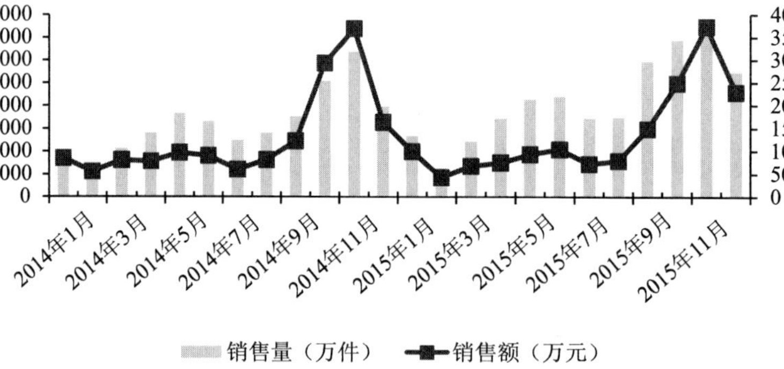

图 2-58：2014 年 1 月-2015 年 12 月 B2C 平台毛巾、浴巾网络零售销售量和销售额

数据来源：中华全国商业信息中心

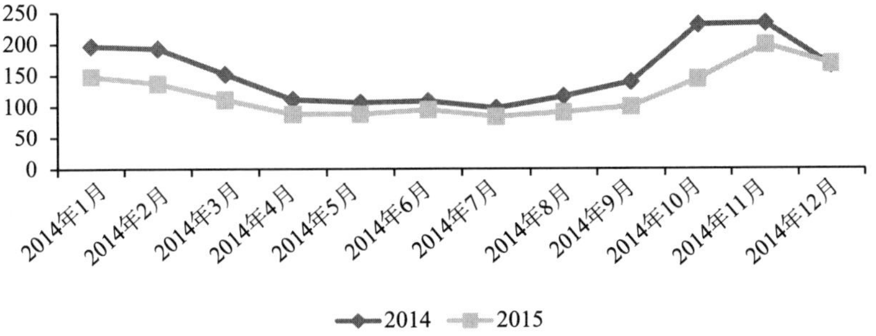

图 2-59：2014 年 1 月-2015 年 12 月 B2C 平台毛巾、浴巾网络零售成交均价

数据来源：中华全国商业信息中心

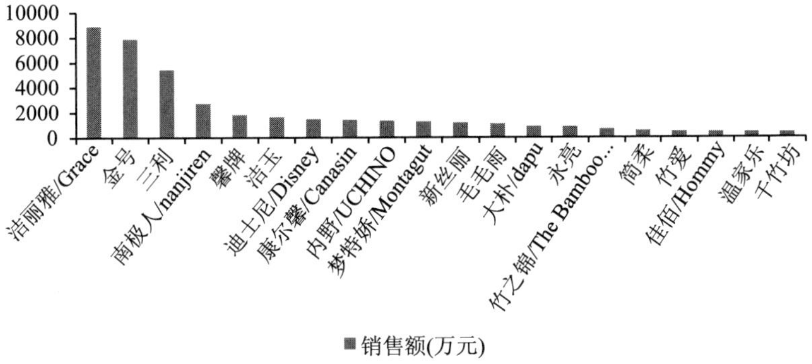

图 2-60：2015 年 1 月-2015 年 12 月被子 B2C 平台网络零售销售额排名 TOP20 品牌

数据来源：中华全国商业信息中心

（5）网络拉动中低档家纺产品的销售

在家纺诸多销售渠道中，网购对家纺销售的拉动尤为明显，但消费者在网上购买的家纺产品大多属于中低档次。根据中华全国商业信息中心数据显示，2015 年 B2C 平台销售的床上用品价格在 0-200 元之间的占比达到 86.4%，200-400 元之间的占 9.8%，400-600 元之间的占 2.5%，而 600 元以上的床上用品销售总计占比仅为 1.3%。网络销售快速增长，造成两级分化将越来越明显，追求平价、大众化商品的消费者会汇聚到网络渠道，而追求高档商品的人群，依然在高档百货购物。

表 2-4：2015 年床上用品网络零售价格区间的销售量结构

价格区间	销售量（万件）	销售量占比
0-200	5522.9	86.40%
200-400	623.4	9.80%
400-600	158.1	2.50%
600-1000	62.1	1.00%
1000-2000	18	0.30%
2000-2400	1	0.00%
2400 以上	3.3	0.10%

（6）实体店品牌在网络渠道优势明显

表 2-5：2015 年床上用品套件、各种被、毛巾实体店和网络销售排名前十品牌对比

排名	床上用品套件		床上用品各种被		毛巾	
	实体店	网络	实体店	网络	实体店	网络
1	罗莱	水星	罗莱	水星	洁丽雅	洁丽雅
2	梦洁	LOVO	梦洁	南极人	金号	金号
3	富安娜	南极人	富安娜	LOVO	洁玉	三利
4	水星	北极绒	水星	恒源祥	孚日	南极人
5	寐	富安娜	罗卡芙	富安娜	永亮	馨牌
6	紫罗兰	恒源祥	恒源祥	北极绒	三利	洁玉
7	罗卡芙	梦洁	鸿润	爱斯基摩人	喜盈门	迪士尼
8	恒源祥	博洋	阿思家	茧缘	赤金	康尔馨
9	恐龙	睡眠博士	恐龙	钱皇	ESPRIT	内野
10	佳丽斯	梵欧	寐	博洋	内野	梦特娇

数据显示，家纺网上销售排名靠前的企业大部分都是实体店知名品牌，例如床上用品网上销售排名靠前的水星、LOVO、恒源祥、梦洁、富安娜；毛巾网上销售靠前的洁丽雅、金号、三利、洁玉、内野等都是线下已经有较高知名度的品牌。

3. 家纺市场未来发展趋势

（1）家纺智能化趋势将得到较快发展

近几年国内家纺销售持续低迷。受到这一大环境影响，许多传统

的家纺企业都纷纷做出调整，而罗莱家纺宣布进入智能家居领域，无疑预示着家纺行业将往家居方向发展，其他行业领先品牌已经着手加快向智能家居转型，例如梦洁家纺在湖南长沙以“造梦空间，创想未来卧室”为主题，举行了梦洁家纺首届“智能卧室”创客大会，宣布以“共创”的方式推动传统产品向智能卧室方向转型升级。而且在“十三五”规划中也突出了家纺智能化的发展方向。可见，在智能家居方面，家纺行业将带给消费者更多期许，虽然还只是在起步阶段，但是在这个大众创业、万众创新的时代，智能化家纺的到来将不会太遥远。

（2）家纺自助、半自助式终端销售模式或将流行

随着自助时代的来临，家纺产品做为标准化程度较高的产品，也将迎来自助或半自助时代，开放的购物环境、更加自由和更自主的家纺选购日益受到消费者推崇。往后走进自助购物的家纺专业店，最大的特点就是没有那么多的导购人员不断的向消费者推销。走进店里能看见的除了商品还是商品，消费者如果需要帮助，可以通过按门铃的方式求取帮助。店铺的陈列也将更讲究，各种颜色，各种尺码，各种款式应有尽有，而且摆放的井井有条。店内将主要通过购物导示牌，清晰表明家纺的各种面料特性、适合人群、价格档次、执行标准、规格款式等帮助顾客完成购物的全部过程。同时家纺专业点还需提供完善的售后服务体系，不断简化退换货流程，强调顾客的消费主张。

（3）家纺销售模式向一站式家居生活馆、家居生活中心转变

现在，消费者为了购买某种商品而东奔西跑对比商品的可能性越来越小，他们更希望在同一个商场比较不同品牌的商品，选择自己喜欢的品牌、花型和适合自己的价格。那么家纺零售行业类似国美、苏宁、3C数码等专业店模式必将迎来发展高峰，形态将更加多元化，以专业店、家居生活中心、家居馆的形式不断发展，他们通常能为消费者提供更低的价格，而且具有很强的渠道整合能力，形成对大型综合超市和百货的强有力挑战、同时直接挤压街边家纺专卖店的生存空间，所以，未来新的商业巨头很可能将在专业店领域产生，而家纺专业店的发展空间将无限巨大。

4. 家纺市场未来对策建议

（1）传统零售店需提升店铺体验，构建线下的核心竞争优势

在网上销售的冲击和影响之下，传统家纺门店销售急剧减少成为不争的事实。家纺网上销售的主要优势在于价格便宜、快速便捷和给人一种全新的消费理念，但相比实体店家纺网上销售的劣势也十分的突出，表现在明显缺乏有效的互动和切身的体验。近两年来，家纺门店出现了前所未有的关店潮现场。那些关掉的门店大多是形象差、氛围不佳、服务缺失和中低档产品经营。而这些因素的存在，严重制约了消费者的购物体验。因此，将消费体验发挥到极致是我们打造门店核心竞争优势的重要途径，也是应对网络销售冲击的重要手段。

消费体验可以从多方面加以塑造：1、品质感的体验。品质是产品的基本属性，消费者可以通过切身的触摸、导购员的专业介绍、现场的比较，来判断产品品质感的好坏。2、服务化的体验。网络销售无法提供有效的服务，而实体店则可以提供售前、售中和售后等服务。3、生活理念的体验。终端门店完全可以通过家居生活场景的营造，向消费者传达一种生活理念。这样终端门店销售的就不只是家纺产品，还有潮流的生活方式。4、品牌文化的体验。品牌是有生命的，其内涵需要通过品牌故事、品牌个性、人员素养和服务特色等要素向消费者传达，以达到情感的共鸣，最终获得消费者的认同感。

（2）避免同质化竞争，家纺产品销售要突出差异化

和很多行业一样，家纺企业现存的问题是同质化严重，包括销售渠道的同质化、产品的同质化、品牌同质化、货品展示的同质化等。家纺业未来的出路在于提供专业化、个性化的产品服务，企业需要形成自己的核心竞争力，充分体现差异化，加大在产品研发方面的投入，使产品真正为消费者所接受和喜爱。

比如家纺展示可以打破了常规的四件套销售模式，店内每件单品都可以单独售卖，消费者可以根据喜欢花色、元素、色调和其他套件里的产品自由搭配，从而满足消费者多样化需求。

（3）家纺业应积极寻求企业间协作和“跨界”合作

近几年在内需减少和网上购物的冲击下，家纺行业发展遭遇瓶颈，

行业内的问题如产品结构不合理、设计开发能力差、行业分工协作不合理等更加暴露，这使得家纺经营者开始积极探索新的发展方式。

首先，家纺实体店价格虚高，导致客流稀少的问题也一直困扰着行业的发展。为此，家纺企业品牌商与供应商、经销商以及商场开始寻求协同，以降低产品成本，为消费者提供更好的产品和服务。此外，越来越多的家纺企业开始找寻找与行业外的合作，例如，与婚庆公司等联合，与家具品牌联合，陶瓷、软装、家具等行业的深度交流合作，通过相互支撑，嫁接出一体化的跨界新模式，实现了信息资源共享、共荣、共赢，家纺企业在自己的渠道扩充之路上各出奇招，而且很多也确实收到了不小的效果。可以说，在共享经济时代下，单一品牌、单一企业很难独自面对，家纺企业必须团结起来，协同作战，在扩充渠道、个性设计等方面相携而行，才能撬动更大的市场空间。

（三）2015年我国化妆品市场销售运行情况

1. 化妆品零售额增速连续第四年回落

根据国家统计局发布的数据，2015年我国限额以上企业化妆品类零售额同比增长8.8%，增速相比上年回落了1.2个百分点，也是自2012年以来增速的连续第四年回落。

中华全国商业信息中心对重点商场的监测数据也显示出同样的趋势，据统计，2015年全国重点大型零售企业化妆品类商品零售额同比增长1.0%，相比上年回落了3.2个百分点，增速自2012年以来连续第四年回落，也是自1995年中华全国商业信息中心有统计以来化妆品市场的最低增速。可以说，大型零售企业化妆品销售面临着前所未有

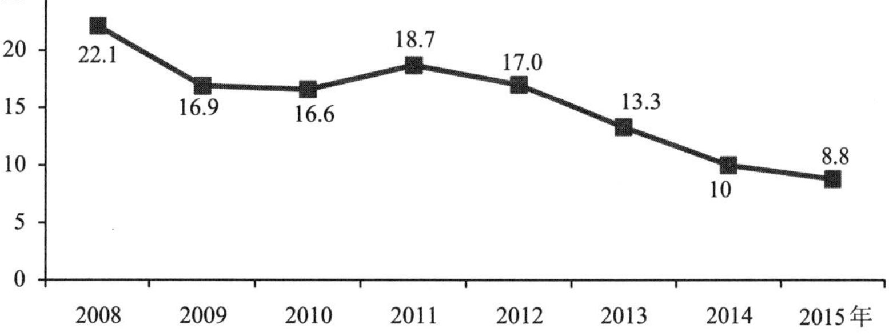

图2-61：2008-2015年限额以上企业化妆品零售额增速（%）

数据来源：国家统计局

的严峻形势，除整体消费市场放缓外，其背后还存在多种因素：1、收入增速减缓造成的消费下移；2、电商对实体商场销售的分流；3、国内产品供给侧不合理（质量不高、市场细分区域的空缺、性价比低）下大量海淘、出境购物对国内化妆品市场进一步形成“抽水”效应。

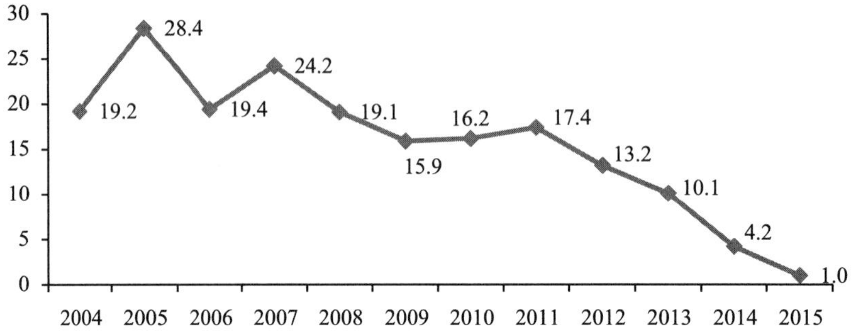

图 2-62：2004-2015 年全国重点大型零售企业化妆品零售额增速（%）

数据来源：中华全国商业信息中心

2. 化妆品市场中“节/假日经济”消费特点仍较突出

节假日期间，消费者从紧张忙碌的工作中解脱出来，更愿意外出购物和享受服务，而商场各种有的放矢的促销活动和购物氛围，进一步拉动了人们的消费热情。2015 年化妆品市场中，“节/假日经济”消费特点突出，根据中华全国商业信息中心的统计，2015 年全国百家重点大型零售企业月度销售中，1-2 月（元旦、春节、情人节）、3 月（妇女节）、5 月（母亲节），6 月（端午节）、10 月（国庆节）等月份化妆品销售情况良好，零售额同比正增长，而其余月份均为零售额同比下降。

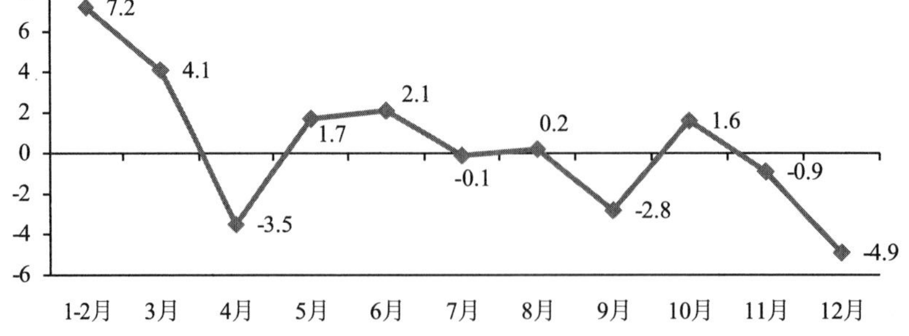

图 2-63：2015 年全国重点大型零售企业化妆品类商品月度零售额增速（%）

数据来源：中华全国商业信息中心

3. 香水继续领涨 2015 年化妆品市场

根据中华全国商业信息中心的统计，我国消费者对香水的关注越来越多，近两年香水市场虽然并未出现井喷似的高速增长，但在整体化妆品市场面临较大压力的背景下，仍保持了较平稳的增长态势。据统计，2015 年全国重点大型零售企业香水类商品零售额同比增长 3.5%，其次是美容彩妆品，零售额同比增长 3.1%，而护肤品则表现不及上年，零售额同比下降 0.5%。

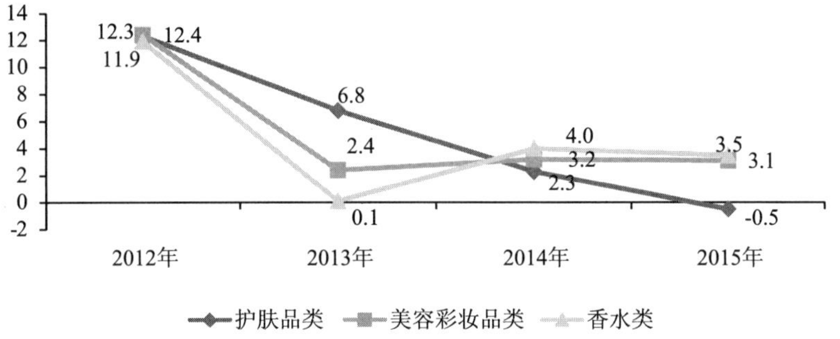

图 2-64：2012-2015 年全国重点大型零售企业化妆品主要品类零售额增速（%）

数据来源：中华全国商业信息中心

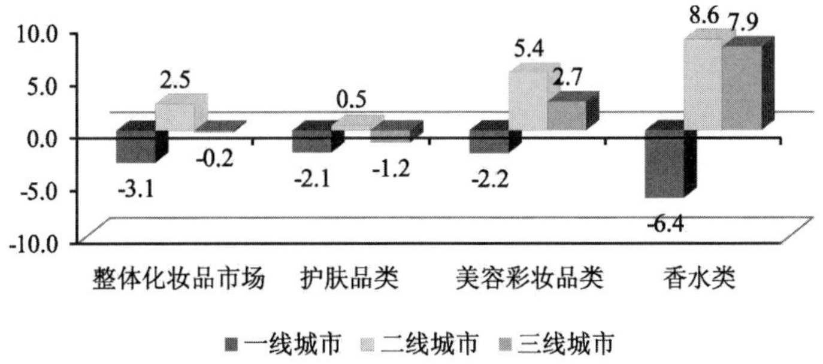

图 2-65：2015 年全国重点大型零售企业分线城市零售总额增速（%）

数据来源：中华全国商业信息中心

4. 一线城市化妆品市场零售额同比下降 3.1%

根据中华全国商业信息中心的统计数据，2015 年全国重点大型零售企业化妆品一线城市市场销售同比下滑，零售额降幅为 3.1%，三线城市也同比下降 0.2%，只有二线城市实现同比增长 2.5%，增速高于全国市场 1.5 个百分点。

化妆品各主要品类也呈现出同样的态势，其中，美容彩妆品和香水在二线城市和三线城市的销售情况均实现了平稳较快增长。

5. 零售价格涨幅进一步回落

我国化妆品市场自2007年以来零售价格持续上涨，且涨幅从2007-2012年不断扩大，2012年涨幅达到2.2%。持续上涨的价格削弱了消费者的购买力，自2012年至今，虽然化妆品价格每年仍在同比上涨，但涨幅已呈现逐年回落态势。

根据国家统计局发布的数据，2015年我国化妆品零售价格同比上涨0.6%，涨幅在上年回落0.7个百分点的基础上再次回落0.2个百分点。

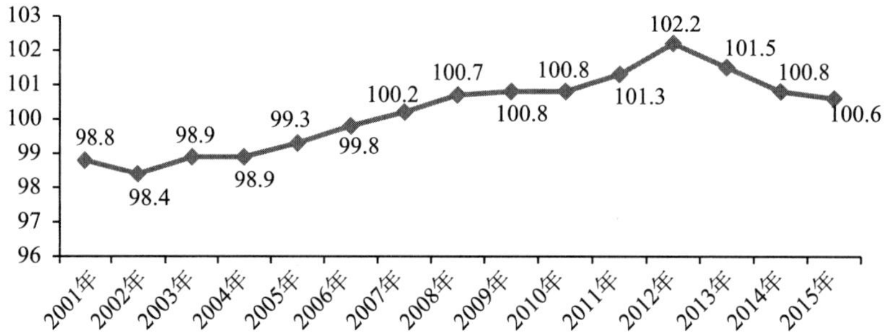

图2-66：2001-2015年化妆品类零售价格指数（上年=100）

数据来源：国家统计局

从月度零售价格指数情况来看，2015年全年化妆品零售价格涨幅前高后低，其中2月、3月份涨幅最高，零售价格指数为100.8，5至12月份涨幅较低，零售价格指数在100.5、100.6的水平线上下波动。

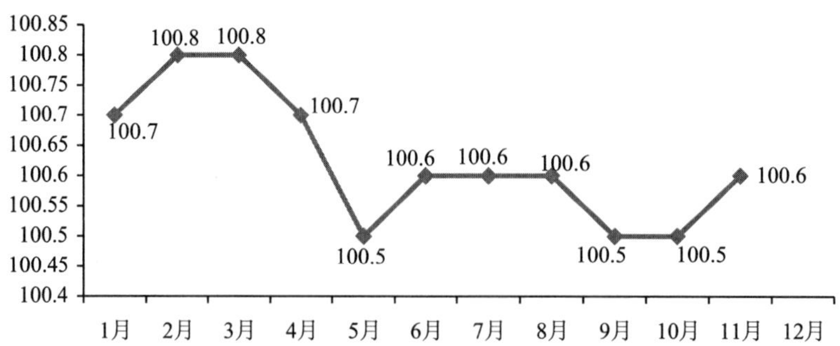

图2-67：2015年各月化妆品类商品零售价格指数（上年同月=100）

数据来源：国家统计局

6. 线上渠道化妆品市场销售分析

（1）消费者多为 24 岁及以下的年轻女性

根据中华全国商业信息中心统计的数据，网上化妆品的购买者集中在较为年轻的女性群体。从年龄层次来看，24 岁及以下消费者所占比例在 30%左右，其中乳液面霜品类中 24 岁及以下消费者比重最低，为 26. 5%；口红中 24 岁及以下消费者比重最高，为 38. 7%。从性别分类来看，所有化妆品品类购买者女性消费者所占比例均超过 60%，其中洁面类和护肤套装男性消费者所占比重较高，而爽肤水和口红类男性购买者则相对较少。

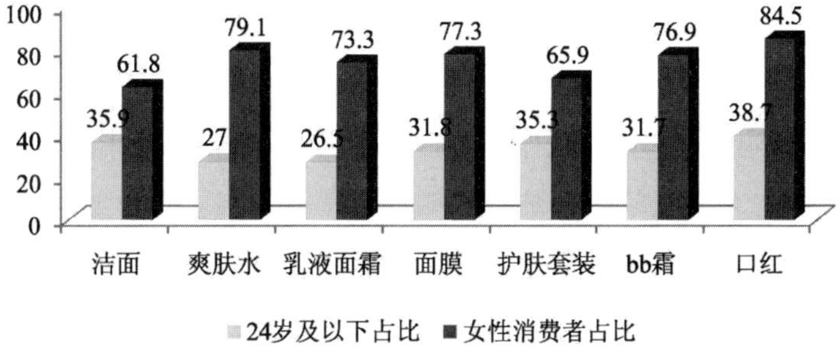

图 2-68：线上化妆品各品类消费者主要年龄段、性别占比情况（%）

数据来源：中华全国商业信息中心

（2）线上化妆品成交均价多在百元以内

根据统计，线上化妆品成交均价普遍仍处于较低水平区间内，其中护肤套装均价最高，2015 年为 135. 2 元，口红成交均价最低，为 37. 3 元。与上年相比，爽肤水、面膜、bb 霜和口红均价分别提升了 1. 0%、12. 1%、2. 5%和 4. 8%，洁面、乳液面霜和护肤套装均价则分别下降了 3. 9%、9. 5%和 2. 4%。

从线上销售排名来看，虽然销售额排名靠前的品牌与线下全国重点大型零售企业（主要是百货商场和购物中心）排名靠前的品牌重合度较高，但销售量排名领先的还是那些性价比突出的品牌，如 2015 年口红线上销售排名中，销售额排名前三的品牌分别是迪奥、美宝莲和香奈儿，销售量排名前三的品牌则分别为韩熙贞、美宝莲和恒芳。

（3）彩妆类产品 2015 年领涨线上销售

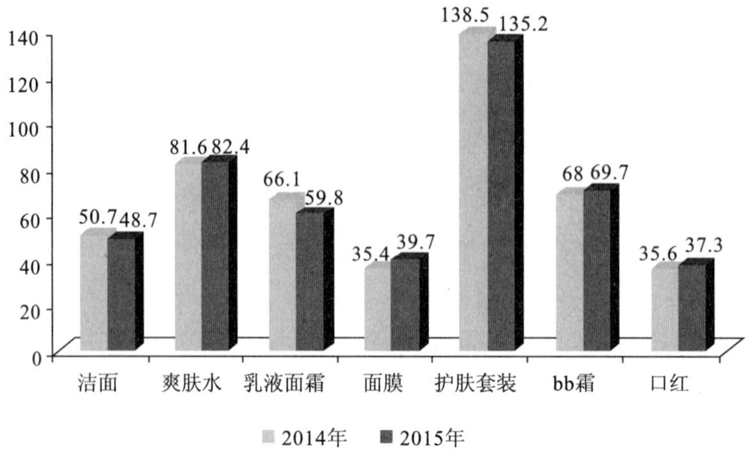

图 2-69：2014、2015 年线上化妆品各品类成交均价（元）

数据来源：中华全国商业信息中心

根据中华全国商业信息中心对线上销售的监测数据，2015 年主要化妆品品类中，彩妆类产品实现了较快增长，其中 bb 霜零售量同比增长 14.7%，零售额同比增长 17.7%；口红零售量同比增长 17.5%，零售额同比增长 23.2%；洁面和护肤套装类也实现了同比较快增长；而爽肤水、乳液面霜和面膜类零售量、零售额相比上年则表现出不同程度的下降。

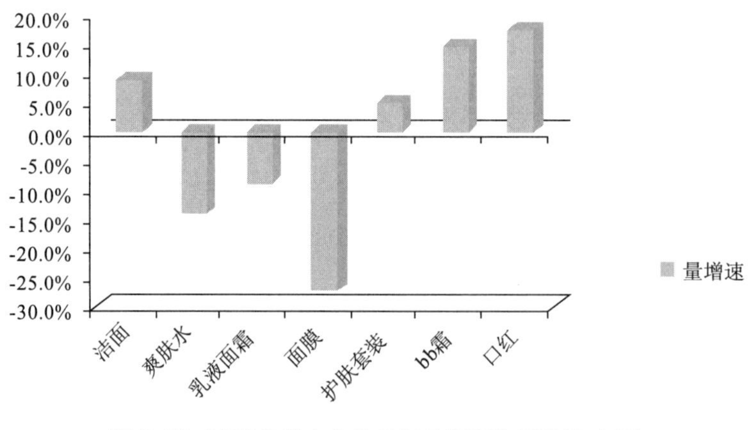

图 2-70：2015 年线上化妆品各品类零售量增速（%）

数据来源：中华全国商业信息中心

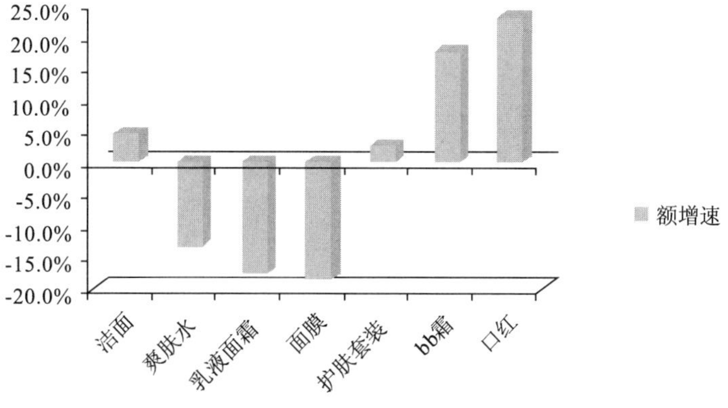

图 2-71：2015 年线上化妆品各品类零售额增速（%）

数据来源：中华全国商业信息中心

7. 预计 2016 年我国化妆品市场增速将基本与上年持平

2016 年我国化妆品市场仍将面临较大压力，整体经济增速放缓、居民收入增速降低、消费市场难现火爆增长、消费外流现象突出等多种因素都将制约我国化妆品市场的发展。但另一方面，机遇与挑战并存，问题与商机同在，在“提质减速”的主动经济调整转型下，在着力加强供给侧结构性改革下，市场将更加活跃，企业将更具备活力和改革积极性，这些因素在短期内虽然不可避免地会带来一定压力，但将有利于我国化妆品市场长期的有序、平稳、良性发展。

因此，预计 2016 年我国化妆品类零售额增速将在与上年基本持平中略有回升。

（四）2015 年我国洗涤用品市场销售运行情况

1. 洗涤用品销售增速首次呈现负增长

根据中华全国商业信息中心的统计，2015 年全国重点大型零售企业洗涤用品类商品零售额同比下降 0.7%，增速相比 2014 年大幅回落 19.7 个百分点，也是近年来首次出现负增长。

与化妆品市场增速相比，2015 年我国洗涤市场发生了明显变化。根据中华全国商业信息中心对全国重点零售企业的监测数据，2015 年我国洗涤市场零售额增速第一次低于化妆品市场零售额增速，差距为 1.7 个百分点。其主要原因是：随着天猫超市、京东超市近年来尤其是 2015 年大力宣传和强力促销，网络超市迅速崛起，消费者在网上超

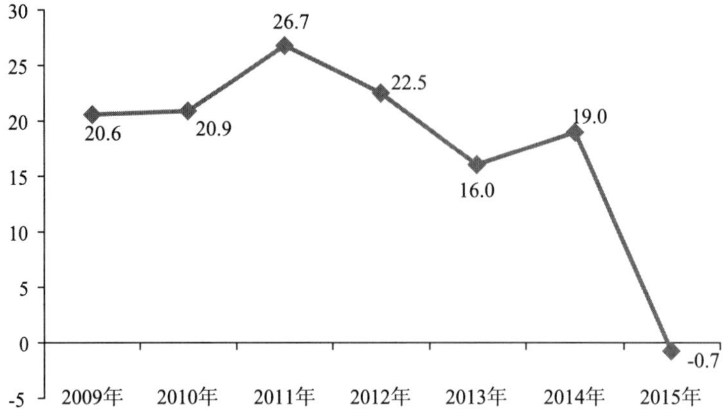

图 2-72：2009-2015 年全国重点大型零售企业洗涤用品零售额增速（%）

数据来源：中华全国商业信息中心

市进行日用品购买的意识被极大激发和习惯养成固化，另一方面，在这种情况下，日化企业也加强了与网上超市的合作力度，如京东自营平台基础洗护类产品满 199 减 100 的促销力度几乎成为常态。洗涤用品标准化程度高，与线下品牌重合度高，对线下渠道的替代性很强，而化妆品线上销售的产品多集中在高性价比的品牌，与线下重合度低，存有互补性，因此全国重点大型零售企业洗涤用品市场受网络销售的冲击更大。

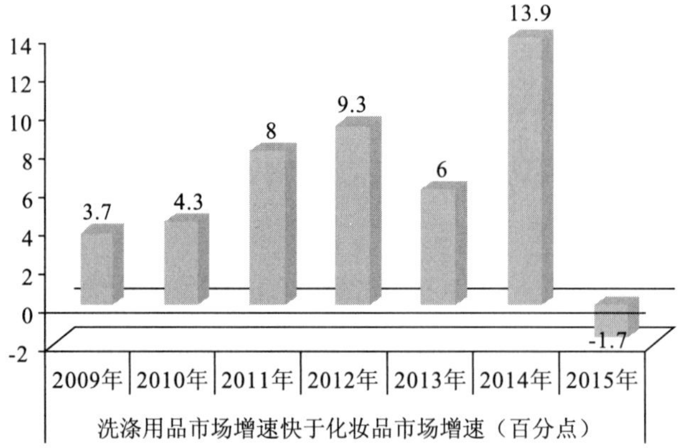

图 2-73：2009-2015 年全国重点大型零售企业洗涤用品销售增速快于化妆品销售增速

数据来源：中华全国商业信息中心

2. 一、二、三线城市洗涤市场呈现负增长

分线城市看，2015 年一、二、三线城市大型零售企业洗涤用品销

售增速均呈现负增长。其中一线城市销售增速下降 0.5%、相比 2014 年全年低 5.6 个百分点；二线城市销售增速下降 0.7%，相比 2014 年全年大幅下降 24.2 个百分点；三线城市销售增速下降 0.7%，相比 2014 年降幅收窄了 1.6 个百分点。

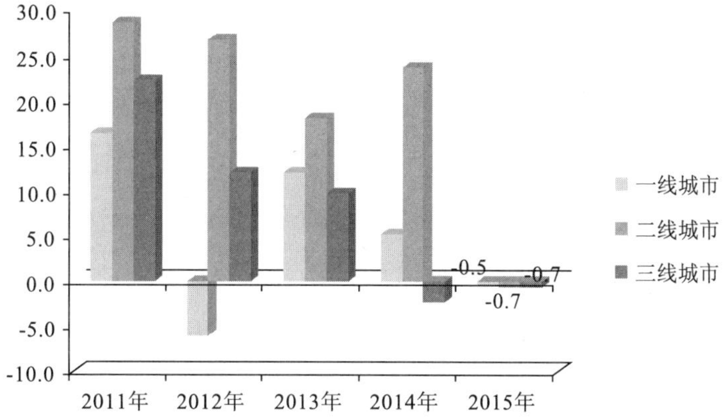

图 2-74：2011-2015 年分线城市大型零售企业洗涤用品零售额增速（%）

数据来源：中华全国商业信息中心

3. 合成洗衣粉、洗衣液、香皂零售额增速均大幅回落

从主要品类销售看，根据中华全国商业信息中心的监测数据，2015 年全国重点大型零售企业合成洗衣粉类商品零售额同比下降 11.0%，降幅相比上年扩大了 10 个百分点；洗衣液类商品零售额同比增长 0.8%，增速相比上年大幅回落了 13.9 个百分点；香皂类商品零售额同比下降 4.1%，增速相比上年大幅回落 14.3 个百分点。

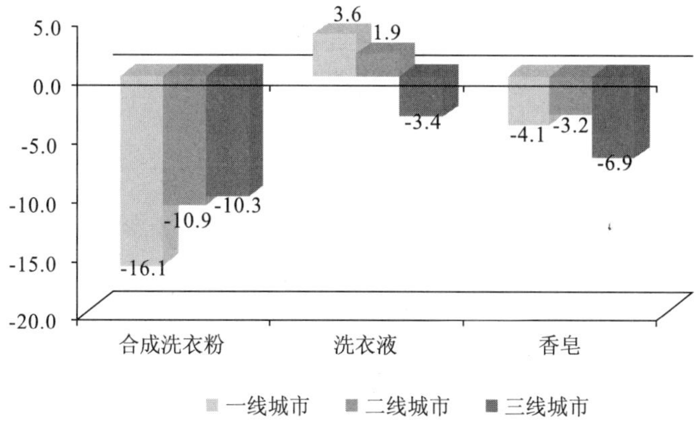

图 2-75：2015 年合成洗衣粉、洗衣液及香皂在不同城市零售额增速（%）

数据来源：中华全国商业信息中心

分线城市来看，洗衣液作为升级产品，对合成洗衣粉的替代性明显在一线城市大于二线城市，在二线城市又大于三线城市。香皂在一线、二线、三线城市的零售额均为同比负增长，其中二线城市降幅最低，为 3.2%，三线城市降幅最高达到 6.9%。

4. 洗涤用品网络销售情况分析

（1）各品类网络销售量与销售额较去年同期大幅提升

2015 年，我国洗涤用品各主要品类网络销售额和销售量相比去年同期均大幅提升。根据中华全国商业信息中心对我国洗涤用品网络销售监测结果，2015 年，洗发护发品、洗衣粉、洗衣液、沐浴产品、宝宝洗浴等品类网络零售销售量和销售额均明显高于去年同期。其中，洗衣液销售额、销售量均实现了超过 100%的高速增长，洗衣粉增速也较高，销售额同比增长 96.8%，销售量同比增长 68.6%，其次是洗发护肤品，也实现了近 50%的快速增长。

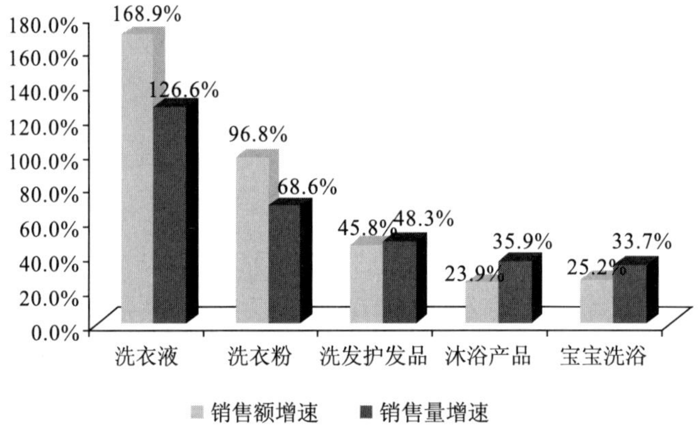

图 2-76：2015 年洗涤用品主要品类网络销售额、量增长情况

数据来源：中华全国商业信息中心

（2）网上销售平均单价有涨有落

根据监测数据来看，2015 年网络销售的各主要洗涤用品品类中，洗发护发品的平均销售单价最高，为 57.9 元，其次是宝宝洗浴，平均单价为 44.4 元。与上年相比，洗衣液和洗衣粉的平均单价分别同比上涨 18.7%和 16.1%，洗发护发品、沐浴产品和宝宝洗浴平均单价则分别同比下降了 1.7%、83.9%和 6.3%。

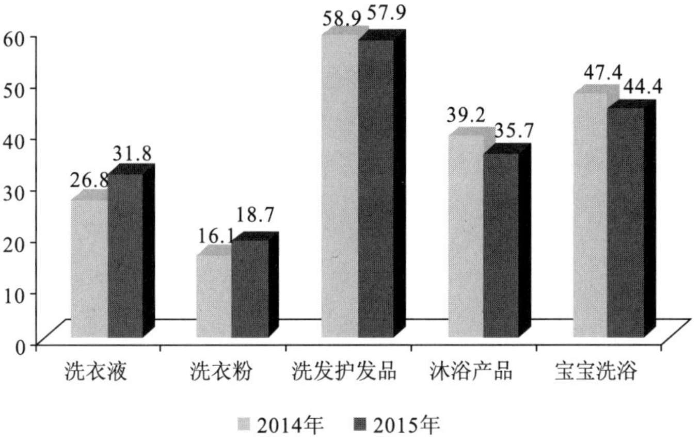

图 2-77：2014 年、2015 年网上销售各洗涤用品主要品类平均销售单价对比（元）

数据来源：中华全国商业信息中心

（3）网络洗涤品牌与实体重叠率高，蚕食实体销售份额

根据中华全国商业信息中心的统计数据，我国洗涤市场网络品牌与实体品牌重叠率非常高，前 10 位品牌中，洗衣粉重复率达 70%，洗衣液达到 90%，洗发护发品也达到 70%，前 20 位品牌重复率也较高。这就不可避免地使得网络销售对实体销售造成较大冲击。

虽然重叠度较高，但从优势品牌的具体排名情况来看，有些品牌在网络和实体店的表现仍存有明显的差异性，如洗衣粉中的富培美、洗衣液中的贝亲、保宁，洗发护发品中的施华洛、水之密语等，这些差异背后体现出的是在渠道的铺货率、话语权；在不同渠道的销售政策和促销力度；传统企业在互联网冲击下的应对策略是否有效等问题。

表 2-6：2015 年洗涤用品实体店（全国重点大型零售企业）和网络销售排名前 20 品牌对比

	洗衣粉		洗衣液		洗发护发品	
	实体店	网络	实体店	网络	实体店	网络
1	奥妙	奥妙	蓝月亮	蓝月亮	海飞丝	施华蔻
2	汰渍	汰渍	超能	威露士	潘婷	海飞丝
3	立白	立白	奥妙	奥妙	舒蕾	沙宣
4	雕牌	超能	立白	立白	飘柔	欧莱雅

续表

	洗衣粉		洗衣液		洗发护发品	
	实体店	网络	实体店	网络	实体店	网络
5	碧浪	雕能	绿伞	汰渍	清扬	潘婷
6	超能	白猫	汰渍	卫新	沙宣	清扬
7	白猫	富培美	碧浪	碧浪	力士	丝蕴
8	奇强	碧浪	威露士	超能	欧莱雅	多芬
9	好爸爸	芳新	雕牌	妈妈壹选	多芬	飘柔
10	美生	氧净	卫新	绿伞	蜂花	水之密语
11	浪奇	FOREVER NEW	威洁士	浪奇	施华蔻	丝蓓绮
12	氧净	舶来良品	开米	妙管家	丝蕴	卡诗
13	洁霸	玉特	白猫	蓝漂	资生堂	滋源
14	舶来良品	洛娃	奇强	贝亲	夏士莲	透蜜
15	花王	七澳	妈妈壹选	保宁	滋源	惠润
16	绿伞	金纺	荷嫂	洛娃	霸王	力士
17	爱敬	查理	好太太	狮王	100年润发	博倩
18	狮王	安利	好爸爸	虹丝克润	索芙特	爱茉莉
19	帮洁	馨の屋	花王	白猫	拉芳	拉芳
20	榄菊	贝亲	洛娃	开米	伊卡璐	吕

6. 未来洗涤市场发展趋势

（1）外出旅行装洗涤产品将会迅速发展

消费者的消费行为正在因为生活方式的改变而在发生质的变化甚至颠覆，随着人们吃、穿、用等基本生活需求的满足和生活水平的提高，外出旅行在生活中的重要性及频次上都达到了一个前所未有的高度。而另一方面，当前市场中小包装、便携性的洗涤用品并不多见，或者说并没有留给消费者很大的选择空间，也即这一细分市场的消费需求并没有充分被满足，这将会成为未来洗涤用品市场中一个新的增长点。结合消费环境和消费心理，外出旅行装洗涤产品在包装上将逐渐发展出两个特点：1、包装高颜值性；2、包装的可循环利用性。

（2）洗涤产品网上、往下全渠道有机发展

从商品属性来看，全渠道产品销售一定会优先在洗涤市场实现，原因有：1、洗涤产品单价价值不高，消费者对于不同渠道的选择不会有过多考虑和担忧；2、洗涤产品是标准化程度很高，同时属于基本功能性的商品，网上、网下的品牌又完全趋同化；3、消费者可以在线下去体验商品，然后在网络进行方便购买，一方面洗涤用品是家庭常备日用品，网上购买可以突破时间限制随时下单，另一方面一些家庭装洗涤用品比较沉重，可以利用网络渠道免费送货上门的优势。

在未来全渠道销售中，网上、网下一定是洗涤用品市场销售的两个互补渠道，同时均衡、有机发展，企业要注意以下几点：1、网上、网下相同产品同价，两种渠道可以根据自身特点和需要在不同时间开展形式各异的促销让利活动，但总体上两种渠道同样商品的价格一定是持平的；2、在产品投放上可以适当体现差异化，如水之密语在京东超市销售多沿袭旧包装，企业也可以研发出专门的网络系产品，就如"家庭系列"与"酒店系列"一样，洗涤产品在多数产品通用之外，也可以研发专门的"超市系列"和"网络系列"；3、线下销售铺货、陈列、服务等体验一定要舒服愉悦，从长远来看，一定是线下卖得好，成为线上销售的最大支撑，反过来线上渠道成为线下渠道的有力补充的趋势。

（五）2015年我国家电市场销售运行情况

1. 大型零售企业家电销售继续下滑

根据中华全国商业信息中心统计，2015年全国重点大型零售企业家用电器零售额同比下降2.4%，降幅较上年扩大2.2个百分点。市场不景气直接影响家电企业的经营情况，根据工信部发布的信息显示，2015年，家用电器行业主营业务收入14083.9亿元，累计同比下降0.4%。

从国家统计局发布的数据来看，限上单位家用电器和音像器材的销售情况好于上年，之所以与大型零售企业数据趋势不同，其主要原因在于家电网购市场的快速增长，这也反映家电产品的线上销售对实体店的冲击依然较大。根据国家统计局数据，限额以上企业（单位）家用电器和音像器材零售额同比增长11.4%，增速较上年加快2.3个百分点。

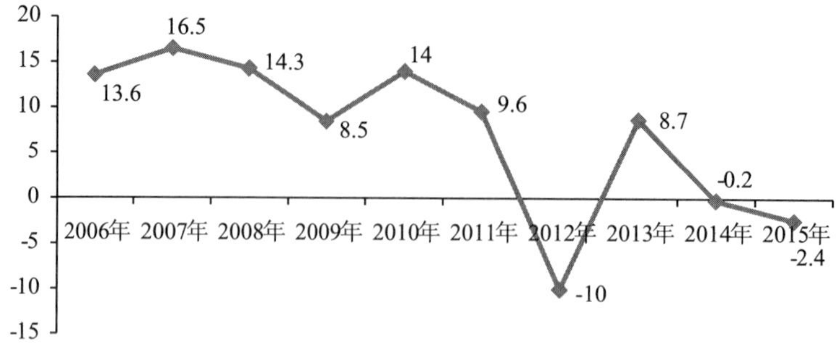

图 2-78：2006-2015 年全国重点大型零售企业家用电器零售额同比增速（%）

数据来源：中华全国商业信息中心

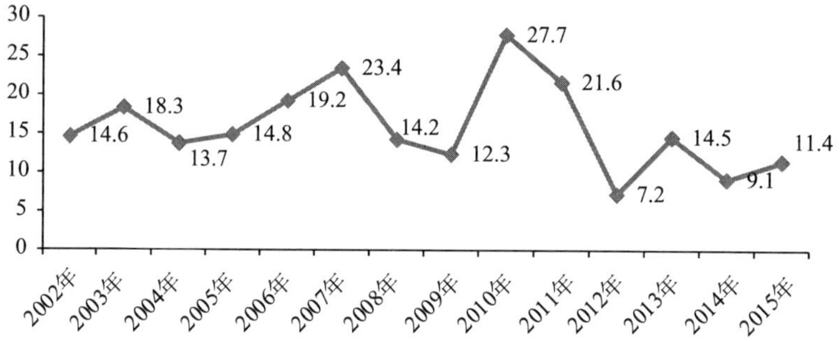

图 2-79：2002-2015 年限额以上企业（单位）家用电器和音像器材零售额增速（%）

数据来源：国家统计局

2. 三大白电零售额增速均放缓

根据中华全国商业信息中心统计，2015 年全国重点大型零售企业空调和电冰箱零售额同比分别下降 11. 3%和 2. 5%，增速较上年分别放缓 11. 1 和 2. 7 个百分点。洗衣机零售额虽然取得 2. 1%的正增长，但增速较上年也下滑 1. 3 个百分点。

根据产业在线的主要家电产销数据，空调产销下滑明显，且呈持续下降趋势。从各月情况来看，产量除 4 月份，其他各月均不及上年同期，内销量上半年情况相对较好，但从 6 月份开始，均低于上年同期。

冰箱整体情况不如上年，下半年产销增速有回暖迹象，其中，11 月份产销量同比分别增长 0. 8%和-2. 4%，12 月份产销量同比分别增长 4. 4%和 1%。

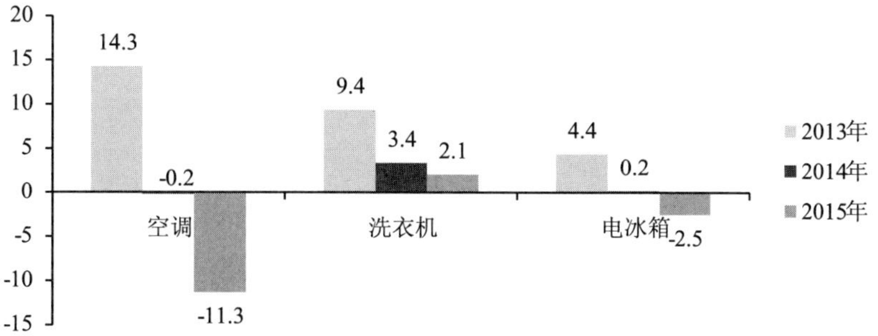

图表 2-80：2013-2015 年全国重点大型零售企业三大家电零售额增速（%）

数据来源：中华全国商业信息中心

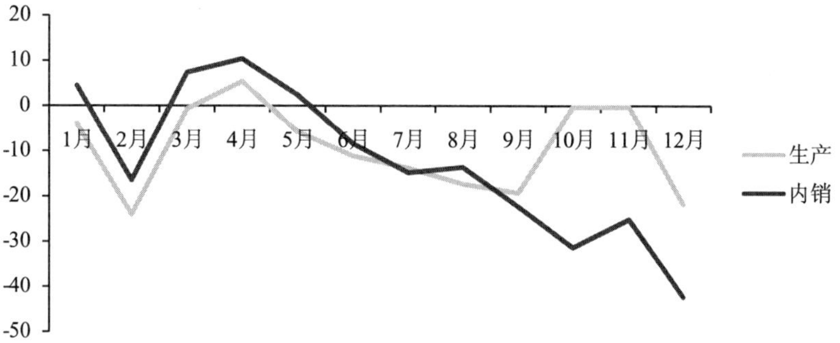

图 2-81：2015 年空调各月产销增长情况（%）

数据来源：产业在线

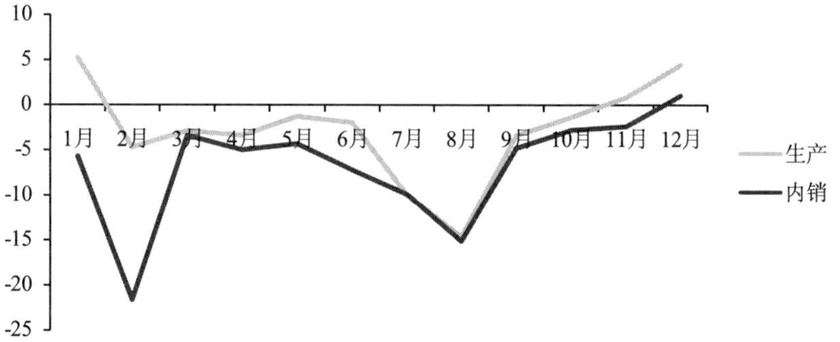

图 2-82：2015 年冰箱各月产销增长情况（%）

数据来源：产业在线

和空调、冰箱相比，洗衣机产销情况相对较好。自 6 月份开始，洗衣机各月产销量均高于上年同期。

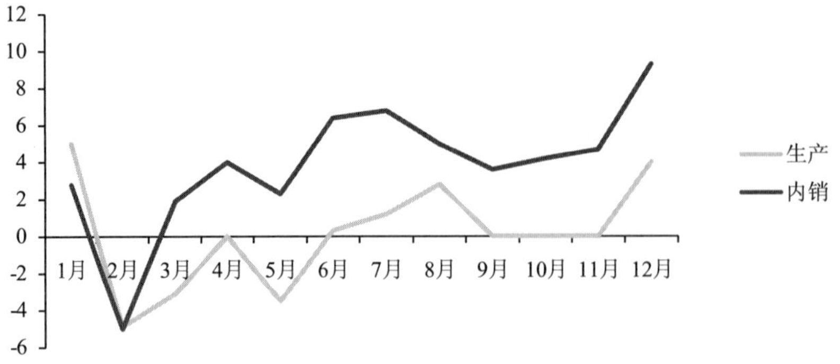

图 2-83：2015 年洗衣机各月产销增长情况（%）

数据来源：产业在线

从年度销量情况来看，空调、冰箱、洗衣机三大白电在 2015 年的总销量均不及上年同期。内销方面，空调、冰箱销量同比下滑，洗衣机销售情况相对较好。出口方面，在整体外贸低迷的环境下，空调、洗衣机出口量均为负增长，冰箱出口增速也较上年有所放缓。具体数据如下：

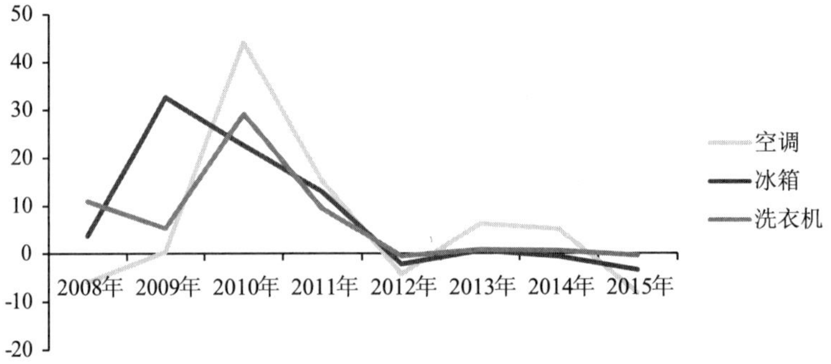

图 2-84：2008-2015 年三大家电总销量同比增速（%）

数据来源：产业在线

2015 年，中国空调行业销量同比下降 8.2%，其中内销同比下降 10.4%，出口同比下降 5%。冰箱行业销量同比下降 3.4%，其中内销同比下降 6.9%，出口同比增加 4.6%。洗衣机行业销量同比下降 0.4%，其中内销同比增长 3.8%，出口同比下降 8.8%。

3. 价格继续下降，但降幅持续收窄

2015 年，我国家电市场平均价格继续下降，但降幅有所收窄，根

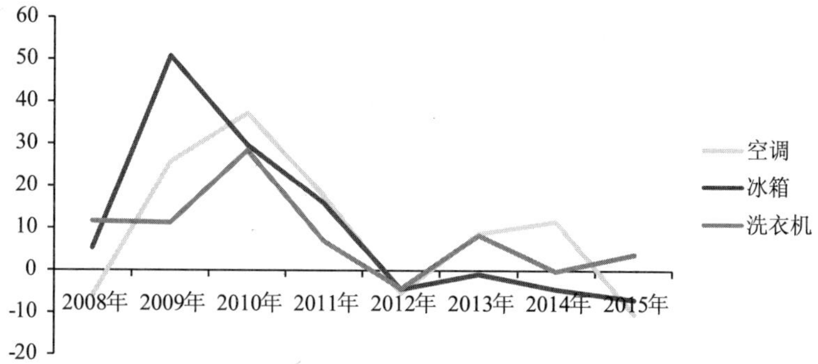

图 2-85：2008-2015 年三大家电内销同比增速（%）

数据来源：产业在线

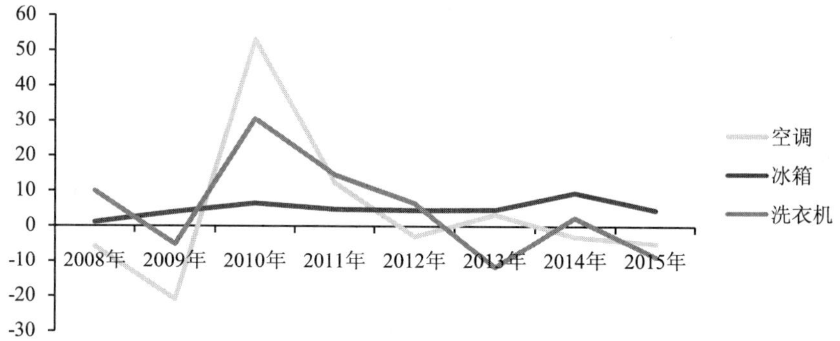

图 2-86：2008-2015 年三大家电出口同比增速（%）

数据来源：产业在线

据国家统计局数据，家用电器和音响器材商品价格同比下降 1.1%，降幅较上年收窄 0.4 个百分点。

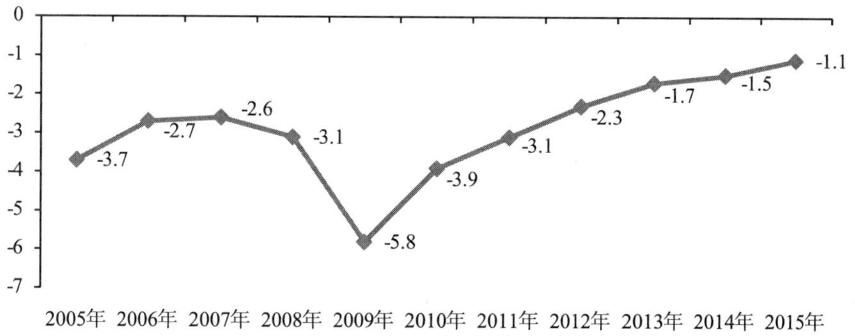

图 2-87：2005-2015 年家用电器和音像器材商品价格同比增速（%）

数据来源：国家统计局

4. 家电出口全面下滑

根据海关总署最新公布的数据，2015 年空调、洗衣机、冰箱三大白电产品及彩电出口额均不及上年同期，除冰箱出口量略有增长外，其他三大家电出口量也较上年有所下降。其中，彩电出口总量达 7183 万台，同比下滑 3%，出口总金额 777.2 亿元人民币，同比下滑 6.6%；空调出口量达 4140 万台/套，同比下滑 4.9%，出口额为 579.5 亿元人民币，同比下滑 5.2%；洗衣机出口 2115 万台，同比下降 4.9%，出口额为 218.4 亿元人民币，同比减少 6.0%；冰箱出口 3966 万台，同比增长 2%，出口额为 337.5 亿元人民币，同比下降 1.8%。

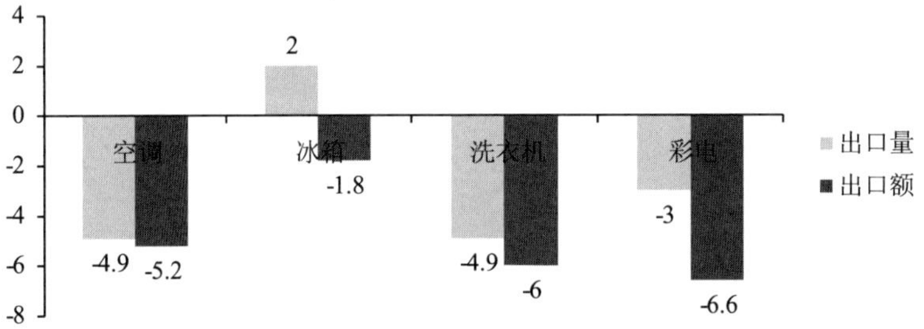

图 2-88：2015 年四大家电出口同比增速（%）

数据来源：海关总署

5. 家电网购市场增长迅速

2015 年，和重点大型零售企业家电销售的持续下滑相比，家电网购市场增长迅速，和 2014 年相比，四大家电 B2C 网购渠道的销售量和销售额均取得了两位数的增长幅度。其中，空调销售量和销售额同比

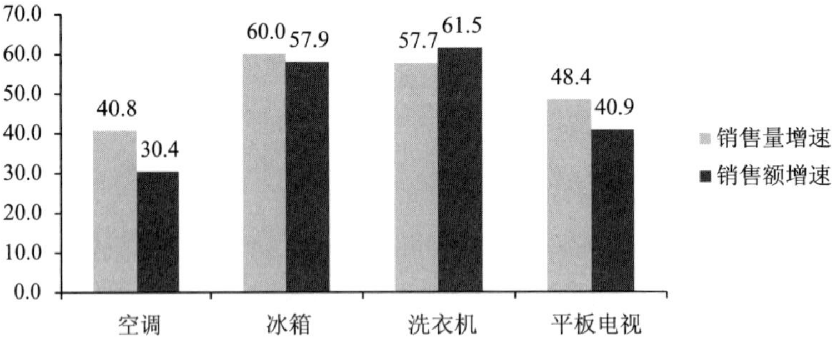

图 2-89：2015 年四大家电 B2C 销售同比增速（%）

数据来源：中华全国商业信息中心

分别增长40.8%和30.4%，冰箱销售量和销售额同比分别增长60%和57.9%，洗衣机销售量和销售额同比分别增长57.7%和61.5%，平板电视销售量和销售额同比分别增长48.4%和40.9%。

从各月销售增速来看，冰箱、洗衣机和平板电视各月均实现同比正增长，且增速均在两位数以上。空调销售情况在1月、2月和7月不及上年同期，但11月和12月增速明显高于其他三个品类。

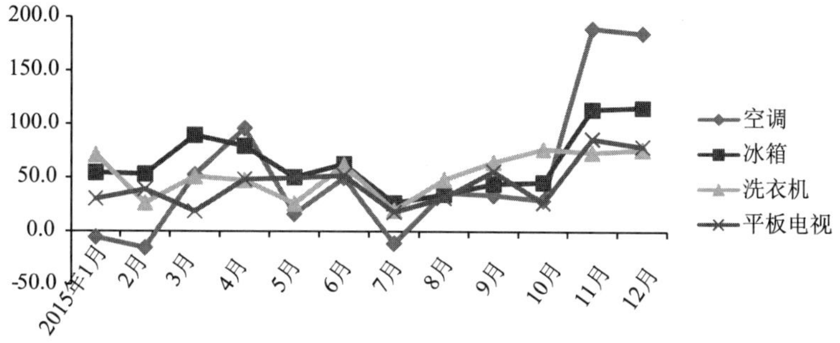

图2-90：2015年四大家电B2C销售量各月同比增速（%）

数据来源：中华全国商业信息中心

6. 2016年家电市场发展趋势

（1）行业仍处在筑底阶段

2016年中央经济工作会议指出，“十三五”期间，GDP年增长率最低确定为6.5%，宏观经济环境仍然在相对低位运行。在国内外经济弱势发展格局不变的情况下，2016年家电市场较上年将呈现持平并略有下滑的趋势。一些家庭保有量大的家电产品，在缺乏实质性创新技术的刺激下，只能是稳步下跌。同时，家电市场两极分化的局面会更为明显，少数企业出现超预期增长，而另一部分企业则出现持续大跌甚至退出市场的情况。

可能带动家电市场增长的一些有利因素包括：城镇化将提高城镇常驻人口比例，从而扩大城市家电市场的需求量；房地产利好政策将带来更多的新增市场空间；中国制造2025计划将带动互联网与家电产业的融合，实用性智能技术的不断突破将激发市场改善性需求等等。

（2）高技术含量产品将快速增长

伴随着人民生活质量的持续提升，满足基本功能需求的家电市场已接近饱和，家电市场消费需求将向“中高端”倾斜，重点体现在具有高技术含量、高性能、高品质的中高端家电产品上。

未来家电品牌将加强创新，用高效益、高技术含量的产品满足市场需求。空调新产品将更加注重消费者的健康体验；冰箱的保鲜效果、节能水平以及智能调节制冷量功能将得到进一步提升；洗衣机健康清洗和保护衣物效果将更好；彩电在提升硬件的同时，还将与互联网更广泛的融合，为消费者带来丰富的内容体验。

（3）智能化、集成化家电将得到进一步普及

近年来，国内家电智能化主要体现在彩电、空调等大家电上，其中智能电视已被消费者普遍接受，家庭互联网也在逐步普及，智能电视内容也在逐步丰富，后续面临的是对原有非智能电视的更新换代。智能空调方面，根据工信部统计数据，2015 年，在空调整体市场出现负增长的背景下，国内智能空调销售量取得了同比增长 173.50%，销售额同比增长 98.44%。

未来，我国智能家电仍有较大提升空间，这主要体现在以下几个方面：一是小家电将成为未来智能化的重点。首先，小家电产品功能单一，其本身的自动化程度较高，因此产品智能化较为简单。其次，小家电产品价格较便宜，即使是智能化之后价格也不会超出消费者的接受能力，因此市场推广较为容易。再者，因为产品技术难度较低，互联网企业容易介入，可以通过产品成本化销售快速打开市场。最后，消费者对小家电智能化期望较高，而且小家电的智能化探索也即将完成，所以小家电将成为未来智能化重点；二是智能硬件零利润甚至是负利润时代将要开启，服务已经成为了未来竞争的焦点。产品的智能化意味着除了原有的硬件功能之外还可以承载更多的服务，而服务的长尾效应将是硬件一次性消费不可比拟的，因此随着产品的智能化程度不断提高，服务的重要性必将超过硬件；三是智能家居将更为系统、功能更为成熟便捷。目前我国智能家居平台众多，行业标准繁杂，消费者常常需要使用多款 APP 来运行智能家居。在没有统一行业标准的情况下，不同领域、不同企业之间各自为战、各成体系，更是加深了产品之 间互联互通的难度，系统性智能家居遥遥无期。因此，由单品

智能向单品多能转变，通过一个产品实现多种功能的集成，以达到产品功能的集成化操作将成为智能家居产品发展的趋势之一。

（4）高能效产品仍将获得政策的大力支持

2016 年，政府对高能效家电的重视程度层层加码，传统冰箱行业将迎来全新能效标准的升级，新修订的《家用电冰箱耗电量限定值及能源效率等级》已经发布，新版电冰箱能效标准 1 级能效要求耗电量大幅降低，新 1 级比老 1 级耗电量需下降 40%左右，新规将于 2016 年 10 月 1 日起正式实施。《家用燃气快速热水器和燃气采暖热水炉能效限定值及能效等级》的新强制性国家标准将于 2016 年 6 月 1 日起开始实施，燃气热水器新标准的三个等级能效提高 1%~2%。

更高的能效标准也使得政策向更高能效的产业结构倾斜。从国家层面来说，产业政策的支持手段从过去的“普惠”调整为“奖优”，例如年初公布的《家电能效领跑者实施细则》首批涉及平板电视、家用电冰箱和空调三大类家电产品，将对高能效的节能产品予以奖励。除了能效“领跑者”制度，在北京的消费者，从 11 月 27 日起，还可以重新享受节能补贴了。此次北京市实施的节能补贴政策将从 2015 年 11 月 27 日持续至 2018 年 11 月 30 日，在享受补贴的九大类产品中，冰箱自然是位列其中。1 级能效冰箱补贴标准为商品销售价格的 13%，2 级产品的补贴标准为 8%。消费者花费 2 级能效产品的价格，就可以购买到 1 级能效的产品。京版节能补贴政策的重启或将引发其他省市跟进。

（六）2015 年我国食品市场销售运行情况

1. 食品消费价格涨幅趋缓

近年在国家的调控下，食品价格涨幅回落至相对较低的区间，国家统计局数据显示，2015 年居民食品消费价格同比上涨 2. 3%，涨幅较上年回落 0. 8 个百分点，自 2012 年起连续四年价格涨幅回落。食品价格的过快上涨，不但会直接影响居民的实际生活，而且会影响人们对通胀的预期，保持食品价格的适度上涨，对宏观经济的稳定和食品消费市场的健康发展都意义重大。

从食品类价格的组成来看，2015 年食品类价格的上涨主要是由鲜

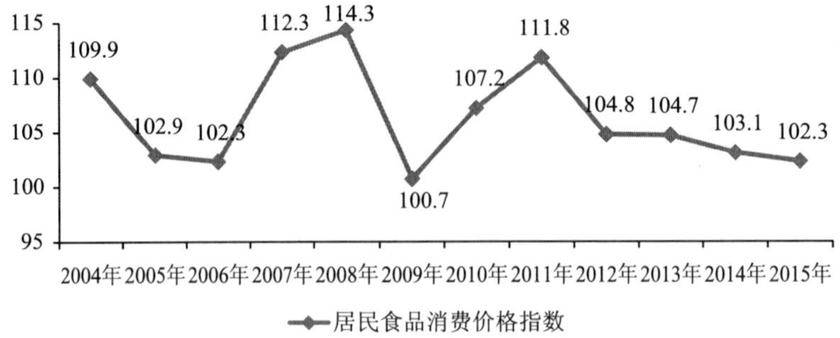

图 2-91：2004 年-2015 年

数据来源：中华全国商业信息中心

菜和肉禽及制品带动的。2015 年鲜菜类同比上涨 7.4%，肉禽及制品类，同比上涨 5%；此外，粮食类和水产品类也分别上涨 2%和 1.8%；蛋类价格下降 7%，鲜果、油脂和液体乳及乳制品分别下降 3.8%、3.2%和 1.1%。

表 2-7：2014 年-2015 年食品及分类别价格涨幅及变化幅度（百分点）

类　别	2014 年涨跌幅（%）	2015 年涨跌幅（%）	变动幅度（%）
食品	3.1	2.3	-0.8
粮　　食	3.1	2	-1.1
油　　脂	-4.9	-3.2	1.7
肉禽及其制品	0.4	5	4.6
蛋	10.4	-7	-17.4
水 产 品	4.4	1.8	-2.6
鲜　　菜	-1.5	7.4	8.9
鲜　　果	18	-3.8	-21.8
液体乳及乳制品	8.5	-1.1	-9.6

2. 零售额增速继续保持低位

中华全国商业信息中心的统计数据显示，全国重点大型零售企业粮油、食品零售额增速创新低，2015 年全国重点大型零售企业粮油、食品零售额同比增长 6.5%，增速连续第四年放缓，创 2009 年以来的最低增速。

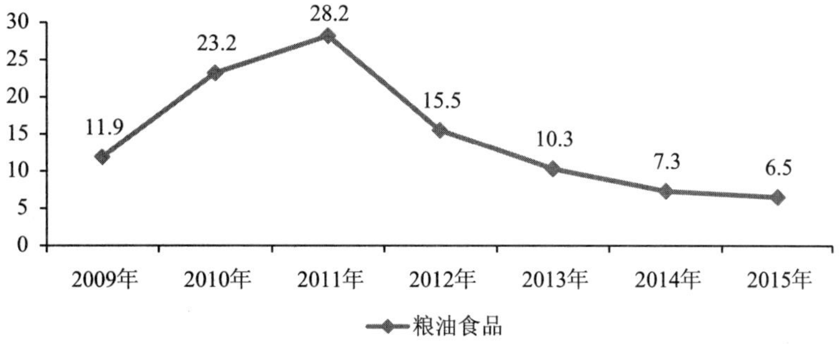

图 2-92：2009-2015 年全国重点大型零售企业粮油食品类零售额增速（%）

数据来源：中华全国商业信息中心

3. 多数食品销售增速显著放缓

2015 年，全国重点大型零售企业统计的 11 类食品品类中，有四类食品零售额增速同比呈现负增长，分别是：粮食零售额同比下降 0.8%，食用油零售额同比下降 6.3%，水产品同比下降 8.4%，滋补食品同比下降 4.0%。并且 11 类食品中有 8 类品类销量增速不及 2014 年，特别是水产品零售额增速放缓明显，低于 2014 年 25.8 个百分点。

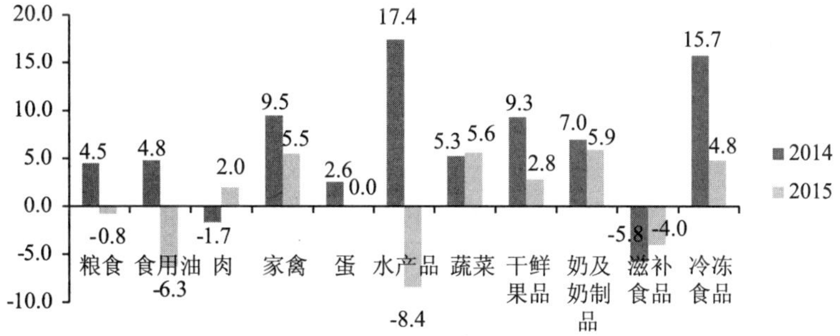

图 2-93：2014-2015 年全国重点大型零售企业粮油食品类零售额增速（%）

数据来源：中华全国商业信息中心

近年来，我国传统商超食品销售增速明显放缓，这其中主要有以下几个原因：一是与整个社会经济增长状况有关，零售业作为终端产业，折射出整个经济发展的不确定因素，和整个经济发展的景气程度相关。二是企业的经营状况在恶化或者大不如以前了，主要是因为租金、人工等经营成本快速上涨。三是食品网上销售发展迅速，而且未来随着物流配送、保鲜冷藏技术的改进，食品网上销售还有很大的潜力，将进一步挤占传统商超的销量。四是传统商超食品类产品同质化问题严重，一些缺乏明显产品定位的大众化食品将难现往日火爆。

4. 食品消费结构发生重要变化

随着近几年我国经济的平稳增长，食品消费结构发生了较大的变化，总的趋势是从低层次消费转向高层次消费，人们消费的食品更丰富和多样化，加工食品、更有营养和附加值的食品将进一步替代初级食品，食品消费的范围不断拓宽，对食品质量要求和精细加工水平的要求不断提高，消费的附加值增加。以往我国食品消费增长主要侧重于数量，而当前我国食品消费增长将更加注重质量、品种、品牌，总的来说，高档需求所占的份额逐渐增大，而低档需求正在减少。市场化、城镇化、食品价格和收入增长是产生这种结构性变化的根源。

5. 食品网购继续快速增长

2015 年，我国食品网络销售额相比去年大幅提升。根据中华全国商业信息中心对我国食品网络销售监测结果，2015 年，食用油在 B2C 市场上共销售 17.1 亿元，同比增长 85.8%；米面杂粮共销售 15.4 亿元，同比增长 104.1%；凉茶共销售 1.0 亿元，同比增长 125.7%，白酒共销售 47.8 亿元，同比增长 32.3%；葡萄酒共销售 37.1 亿元，同比增长 89.9%。

可见我国食品网购市场发展迅猛，尤其是随着物流配送问题的解决以及一批专业的食品电商的兴起，食品网购仍将保持较快的增长。

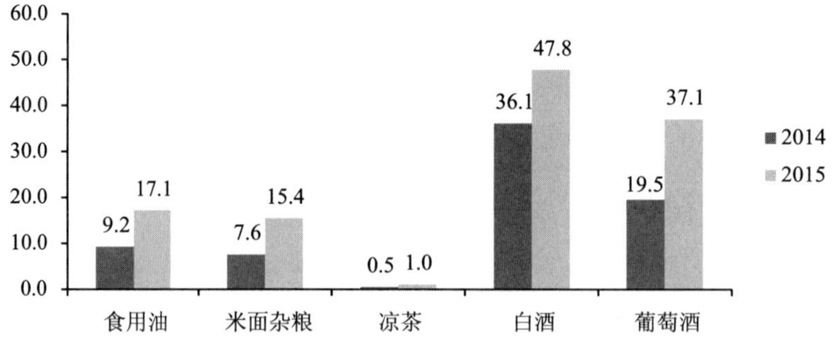

图 2-94：2014-2015 年 B2C 平台食品网上销售额（亿元）

数据来源：中华全国商业信息中心

6. 食品消费市场发展趋势及对策建议

（1）买健康成为食品消费新趋势，传统商超应增加健康食品的销售比例

健康的食品将成为未来食品消费的主方向。数据显示，2014 年，阿里零售平台健康消费总额达到 650.2 亿元，同比增长 62.5%，高于网络零售整体增速（50.8%），2015 年，在健康饮食上，无公害、低脂、无添加等成为热门的搜索关键词，保健食品也成为增长最迅猛的食品之一，2015 年前三季度有利于肠道健康的酵素类食品增长 13 倍。收入增长、人口老龄化、城镇化、食品安全问题和环境变化等因素是健康市场规模迅速扩大的主要原因。越来越多的人愿意为健康买单，人们对健康食品的需求也在不断升级，并呈现出越来越丰富、多元化的趋势，面对这一消费趋势，传统商超的食品销售也应该调整产品结构向诸如绿色、有机、无公害、非转基因、低脂肪等健康类食品倾斜，这样一方面可以与网络形成差异化的竞争，另外一方面也可以以匹配到更多的消费需求。

（2）社区超市食品销售将快速增长，满足居民便捷化消费需求

随着人们收入水平的提高，人们相比之前对“方便”越来越重视，随着现在小区建设越来越多，小区中的社区商业、社区超市会快速发展。2014 年，继顺丰打造嘿店进驻社区超市后，家乐福更于年底在上海开启第一家社区便利店。数据显示，2015 年全年我国新开商业项目中，社区商业项目数量虽然只有 47 个，但是所占比重已经升至 13%，呈迅猛发展态势。2016 年超市业态将继续聚焦社区商业，在第三只眼看零售调查的十家零售巨头中，华润万家和家乐福都明确提出小业态社区发展的战略。

社区超市的快速发展，必将挤占传统大超市、卖场的食品销售份额，传统超市未来可以在保证商品质量、安全可靠、新鲜的基础上，提升购物环境，增加客户体验感，并且给予消费者一定的价格实惠。

第三部分 2015年零售业发展运行情况

一、2015年我国零售业发展的政策环境

（一）供给侧结构性改革给零售业发展带来机遇

零售行业作为连接生产和消费的产业链中游，无疑在供给侧改革中占据着重要的地位。中国现代零售业经历了曲折的发展历程，从计划经济时代的供给短缺到市场经济时代的供给过剩，零售业也经历了从高速增长到增长逐渐放缓的过程。在当前零售业发展步伐放缓的态势下，供给侧结构性改革的提出，无疑会给中国零售业未来的发展带来全新的机遇。

目前我国国内市场供给质量不足，劣质产能严重过剩，而优质供给不足，这已逐渐成为影响我国零售市场发展的瓶颈。因此，供给侧改革的核心是在供给端提供更高质量的产品和服务。在零售业进行的供给侧改革重点在于：一是打破区域间的固定格局，建立全国统一的大市场；二是简化行政流程，敢于放权，通过结构性减税解决企业流通成本过高、税负过重的问题；三是改革行政制度，从制度层面对成本进行控制；四是大力鼓励企业创新，提高生产效率，促进现代流通业的现代化，提高流通效率。

（二）政府扶持流通业文件密集出台

2015年，国务院和相关部门密集出台了一系列扶持流通业改革发展的文件，政策“含金量”及实施力度增强，表明政府对内贸流通业的高度重视。

2015年5至9月，国务院相继下发《关于大力发展电子商务加快培育经济新动力的意见》（国发［2015］24号）、《关于促进跨境电子商务健康快速发展的指导意见》（国办发［2015］46号）、《关于积极

推进“互联网+”行动的指导意见》（国发［2015］40 号）、《关于推进线上线下互动加快商贸流通创新发展转型升级的意见》（国办发［2015］72 号），加快推动互联网与各领域深入融合和创新发展，加快商贸流通创新发展和转型升级。支持农村电商的重要政策文件也接连出台，上述 4 份国务院文件均涉及加快发展农村电子商务的内容。11 月，国务院印发《关于促进农村电子商务加快发展的指导意见》（国办发［2015］78 号），全面部署指导农村电子商务健康快速发展。商务部等 19 个部委 8 月联合发布《关于加快发展农村电子商务的意见》，专门就农村电子商务作出部署。在如此短的时间里，国务院和有关部委就农村电子商务接连发布众多文件，是前所未有的。上述文件有一些非常细化与新的要求，比如在“加强政策扶持”方面，要求“制订出台农村电子商务服务规范和工作指引，指导地方开展工作”。专家认为，线上线下融合和农村电子商务是当前电子商务发展的亮点，也是内贸流通的发展趋势，推进流通现代化的重要任务，对于引导生产、促进消费、扩大就业、助力“大众创业、万众创新”具有重要意义。

（三）商品进出口政策进一步完善

进口商品如今已经走进了千家万户，随着居民消费的升级，国内零售和消费市场对进口商品的需求日益扩大。但是，高额的关税和不平等、不合理收费的存在等政策上的缺陷一定程度上抑制了国内市场的消费增长。2015 年，我国就完善消费品进出口政策出台了一些方案，其中 4 月 28 日，李克强总理提出了五项具体方案：一是对国内消费者需求大的部分国外日用消费品，于 2015 年 6 月底前开展降低进口关税试点，逐步扩大降税商品范围。二是结合税制改革，完善服饰、化妆品等大众消费品的消费税政策，统筹调整征税范围、税率和征收环节。三是增设和恢复口岸进境免税店，合理扩大免税品种，增加一定数量的免税购物额，方便国内消费者在境内购买国外产品。四是进一步推进境外旅客购物通关和退税便利化，严格落实进境物品依法主动申报纳税要求。五是加快推进中国产品品牌提升进程，支持实体店发展，实现线上线下互动。

二、2015 年零售业行业运行情况

（一）批发零售行业投资增速继续下滑

根据国家统计局的数据，2015 年，我国批发零售业固定资产投资（不含农户，下同）18682 亿元，比上年增长 20.1%，增速较 2014 年下降 5.6 个百分点。2015 年批发零售业固定资产投资虽然规模不断扩大，但投资增速连续第四年下降。

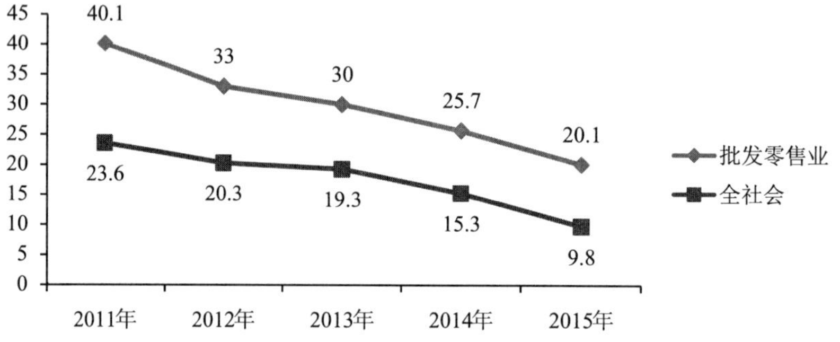

图 3-1：2011-2015 年我国批发零售业和全社会固定资产投资同比增速（%）

数据来源：国家统计局

从占比上看，由于批发零售业投资规模继续保持了高于整体增速的增长水平，因此，批发零售业投资规模在全社会固定资产投资中的占比达到 3.3%，较上年提升 0.2 个百分点，占比自 2011 年以来连续第五年提升。

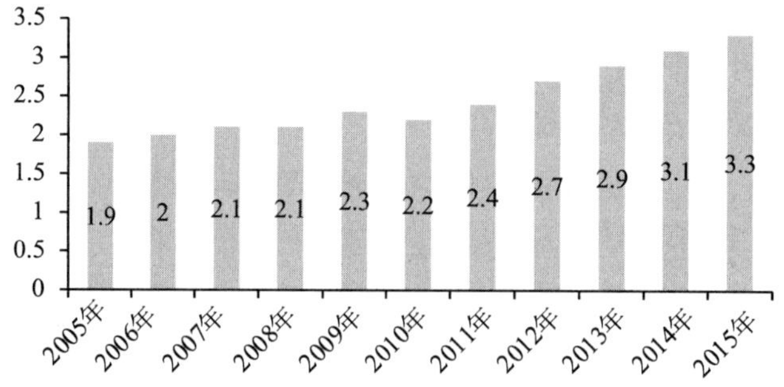

图 3-2：2005-2015 年批发和零售业投资规模占比（%）

数据来源：国家统计局

（二）中国零售市场销售规模进一步扩大

1. 商品零售同比增长 10.6%

2015 年，全年社会消费品零售总额 300931 亿元，比上年增长 10.7%，其中，商品零售额 268621 亿元，增长 10.6%，增速较 2011 年下降了 1.6 个百分点，是 2008 年以来的最低值。

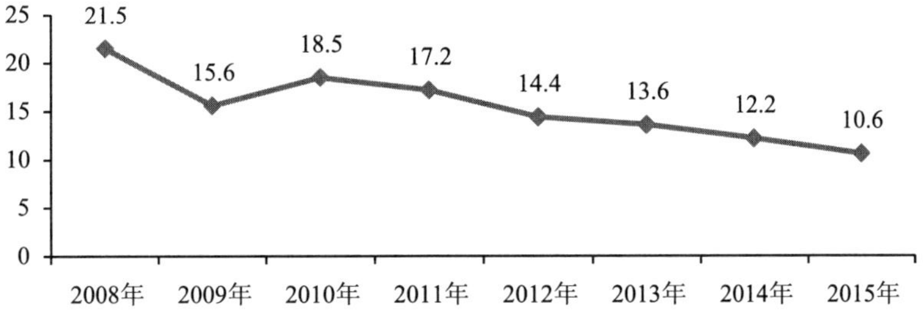

图 3-3：2008-2015 年社会消费品零售额中商品零售额增速（%）

数据来源：国家统计局

2. 零售百强企业规模进一步扩大

2015 年我国零售百强企业实现销售额 41292.6 亿元，同比增长 22.4%，增速较上年同期下降 3.8 个百分点，高于社会消费品零售总额增速 11.7 个百分点。

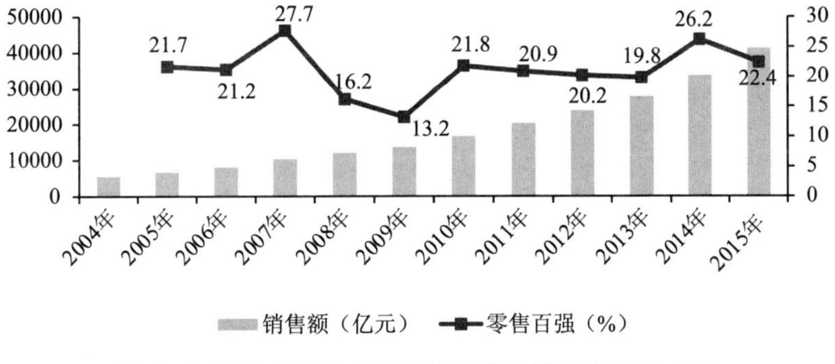

图 3-4：2004-2015 年零售百强销售额及同比增速（%）

数据来源：中华全国商业信息中心

3. 天猫销售过万亿，百强门槛 40 亿

天猫销售过万亿，居榜首；销售过千亿企业达到 7 家；过百亿的企业达到 65 家，其中：58 家销售过百亿的实体企业中，有 28 家跨区域经营企业，30 家区域内经营企业。

2015 年零售百强入围门槛为 40.2 亿元，比 2014 年上升 4.6 亿元，第 100 位企业销售额相比上年高 12.9%。

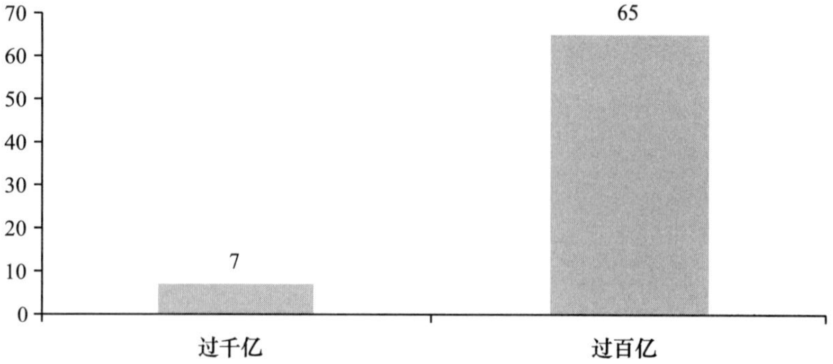

图 3-5：2015 年零售百强中过千亿和过百亿企业家数（家）

数据来源：中华全国商业信息中心

（三）零售市场集中度进一步提升

1. 百强占社会消费品零售总额的比重连续六年提升

2015 年中国零售百强销售规模同比增长 22.4%，比同期社会消费品零售总额增速高出 11.7 个百分点，销售规模的较快扩张，使得百强销售规模占社会消费品零售总额的比重进一步提升。根据中华全国商业信息中心的统计，2015 年百强销售规模占社会消费品零售总额的比重为 13.7%，比 2014 年提高 0.8 个百分点，是 2006 年以来的最高占比。

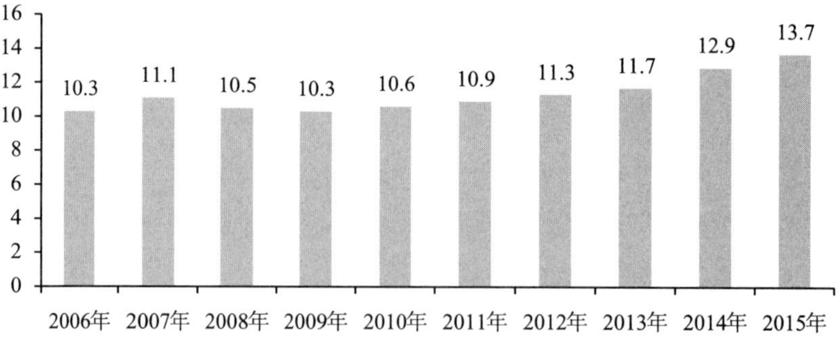

图 3-6：2006-2015 年零售百强销售规模占社会消费品零售总额的比重（%）

数据来源：中华全国商业信息中心

2. 前十销售额占比重大幅提升

2015年我国零售百强企业中，前10名企业销售额合计为20013.9亿元，占百强整体销售规模的比重为65.8%，比2014年大幅提升6.5个百分点。2015年第11至第60位企业销售规模占比为27.9%，相比2014年下降5.3个百分点，第61至第100位企业销售规模占比为6.3%，相比2014年下降1.2个百分点。

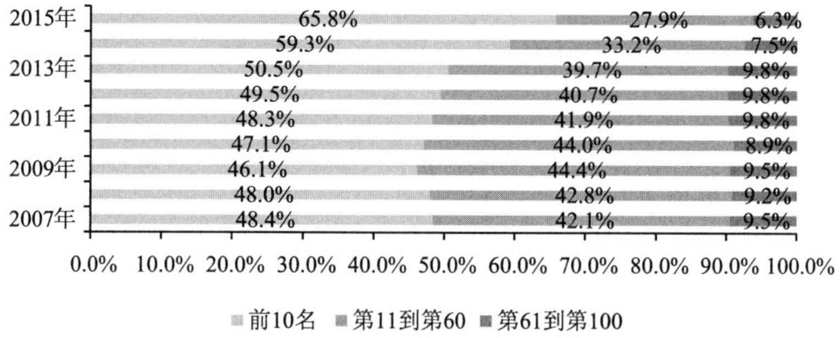

图3-7：2007-2015年零售百强企业销售规模所占比重

数据来源：中华全国商业信息中心

（四）电商销售快速增长，实体店继续放缓

1. 百强中电商销售同比增长56.2%

进入百强的零售企业中有7家电商，7家电商的销售规模达到17233.7亿元，比去年同期增长56.2%，增速低于上年53.9个百分点，占百强整体销售的比重为41.7%，较上年提高8.9个百分点。7家电商销售规模高速增长，对百强零售企业整体销售增长的贡献率高达80.7%。

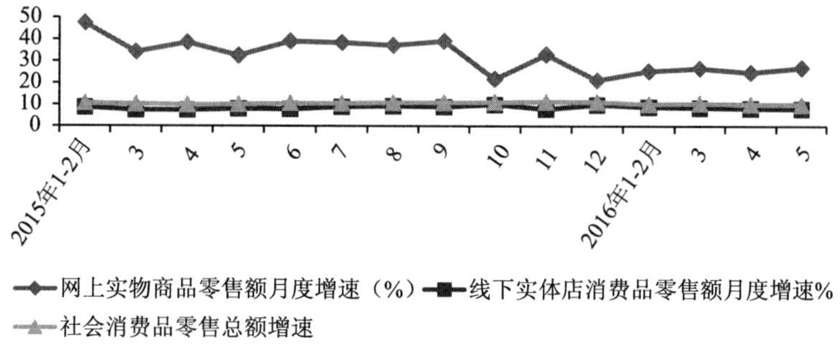

图3-8：2015-2016年5月零售额同比增速（%）

数据来源：中华全国商业信息中心

表 3-1：2015 年零售百强中 7 家网上零售企业概况

企业名称	销售额（亿元）	增速（%）
天猫	11410	49.54
京东	4627	77.83
唯品会	402	70.66
亚马逊中国	289.6	50.07
1 号店	260	44.44
当当网	170.9	20.00
聚美优品	74.2	47.39

数据来源：中华全国商业信息中心

2. 百强中实体零售销售增长 3.2%

相比之下，纯实体零售增长缓慢，2015 年年初以来至 2016 年 4 月的各月线下实体消费品零售总额月度增速均未超过 10%。

2015 年零售百强中 87 家实体店零售企业销售规模达到 17367.3 亿元，同比增长 3.2%，比 2014 年放缓 2.4 个百分点，占百强整体销售的比重为 42.1%，87 家实体店零售企业对百强零售企业整体销售增长的贡献率仅为 7.2%。

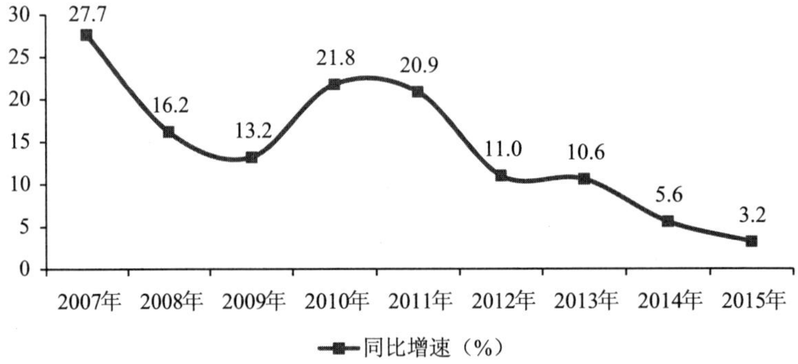

图 3-9：2007-2015 年 87 家实体零售企业销售增速（%）

数据来源：中华全国商业信息中心

3. 百强中“电商+实体型”零售销售增长 15.8%

此外，2015 年零售百强中有 6 家“实体+电商型”零售企业，这 6 家企业的销售规模为 6691.6 亿元，比去年同期增长 15.8%，占百强整体销售的比重为 16.2%，6 家企业对百强零售企业整体销售增长的贡献率为12.1%。

表3-2：2015年零售百强中6家“实体+电商”零售企业概况

	企业名称	销售额（万元）	增速（%）
1	苏宁云商集团股份有限公司	34295000	25.4
2	国美电器有限公司	15368559	7.11
3	永辉超市股份有限公司	4930942	14.8
4	步步高集团	3101749	14.7
5	银泰商业（集团）有限公司	1864946	1.8
6	沃尔玛（中国）投资有限公司	7354653	1.6

数据来源：中华全国商业信息中心

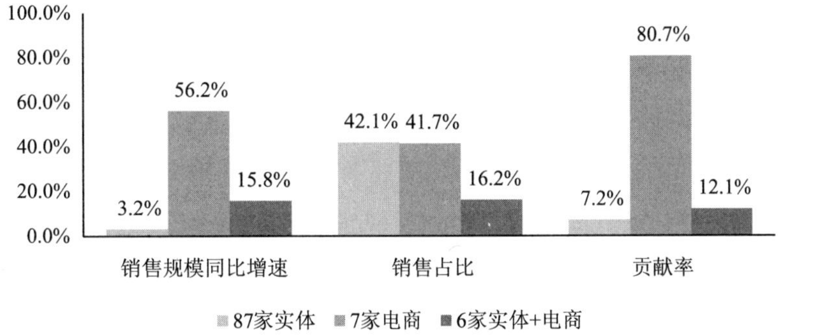

图3-10：2015年零售百强中不同类型企业销售规模增速、对百强增长的贡献率及占比

数据来源：中华全国商业信息中心

（五）百货和超市业态增速放缓

业态以专业店为主的企业有9家，销售规模占百强的14.6%，同比增速为15.5%，增速较2014年上升11.1个百分点，其中有2家企业出现负增长；

业态以百货为主的企业共有54家，销售规模占百强的25.4%，同比增速为2.9%，比上年下降3.5个百分点，其中有22家企业出现负增长，比上年增加4家；

业态以超市为主的企业共有28家，销售规模占百强的17.9%，同比增速为4.2%，相比上年下降1.4个百分点，其中有7家企业出现负增长，比上年增加1家；

2家便利店销售同比增长11.4%，规模占百强的0.3%；

而7家电商的销售增速同比增长56.2%，销售规模占百强的41.7%。

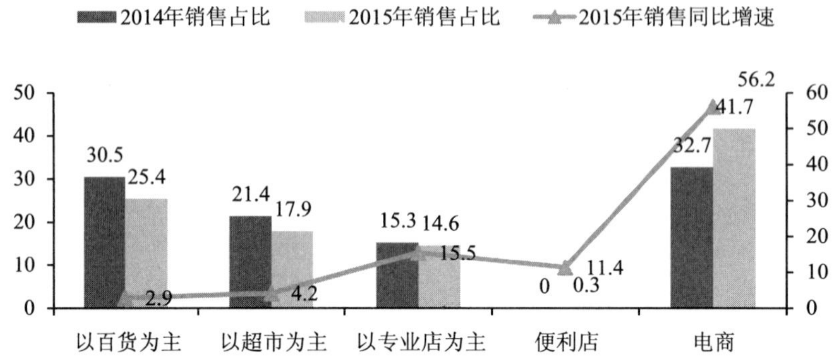

图3-11：2014、2015年各业态销售占比及2015年销售增速（%）

数据来源：中华全国商业信息中心

（六）外资零售市场份额持续下降

2015年进入百强的外资零售企业共有16家（非电商），数量比上年减少3家，16家外资零售企业实现销售额4069.33亿元，占百强销售总额的比重为9.9%，较2014年下滑2.9个百分点。16家外资零售企业销售额同比增长0.2%，增速较2014年放缓2.0个百分点。

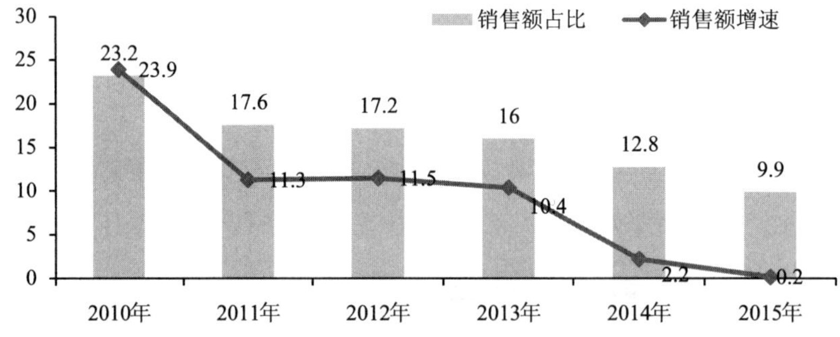

图3-12：2010-2015年零售百强企业中外资零售企业（非电商）销售额占比及增速（%）

数据来源：中华全国商业信息中心

此外，外资零售企业单店销售额下滑明显。根据中华全国商业信息中心统计，16家外资零售企业单店平均销售规模为6744万元，与2014年相比，单店销售额有所下滑，其门店数量则同比增长38.6%。

表 3-3：2015 年零售百强企业中主要外资企业销售及门店变化情况

序号	企业名称	销售额（万元）	增速（%）	门店数（个）	增速（%）
1	高鑫零售有限公司	10790644	7.8	409	9.9
2	沃尔玛（中国）投资有限公司	7354653	1.6	432	5.1
3	家乐福（中国）管理咨询服务有限公司	4010221	-12.3	234	-1.3
4	锦江麦德龙现购自运有限公司	1910000	1.1	82	1.2
5	银泰商业（集团）有限公司	1864946	1.8	45	2.3
6	屈臣氏集团（中国保健及美容产品）	1811000	9	2483	18.9
7	百盛商业集团有限公司	1809980	-6.9	58	1.8
8	郑州丹尼斯集团	1800000	4.7	378	67.3
9	金鹰国际商贸集团（中国）有限公司	1731623	0.3	29	7.4
10	江苏五星电器有限公司	1445000	-31.2	175	-4.9
11	卜蜂莲花	1369000	-0.7	82	6.5
12	宜家（中国）投资有限公司	1307011	27.9	18	12.5
13	新世界百货中国有限公司	1280000	-7.2	43	0
14	永旺（中国）投资有限公司	1065222	9.1	54	8
15	伊藤洋华堂（中国）	650000	-10.61	11	-8.33
16	上海福满家便利有限公司（全家便利）	494000	17.1	1501	17.2

数据来源：中华全国商业信息中心

此外，主要外资零售新开门店减少，关店数增加。根据主要外资零售巨头公布的数据，2015 年 7 个主要外资零售企业新开店数合计 89 家，较上年减少 8 家，关店数 42 家，较上年增加 25 家。

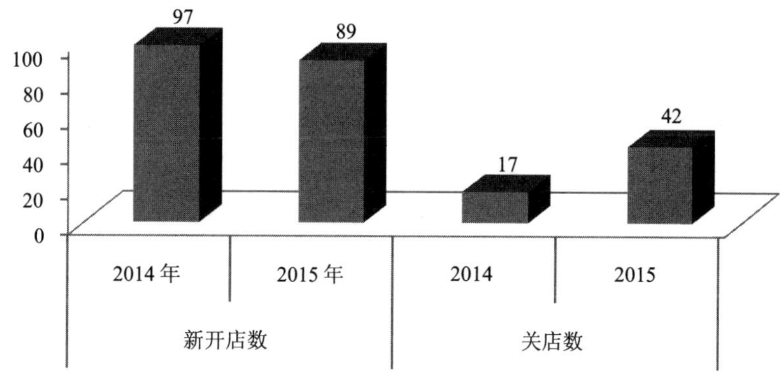

图 3-13：2014、2015 年主要外资零售企业开店数和关店数（家）

数据来源：联商网

开店方面，除家乐福和卜蜂莲花外，沃尔玛、大润发、乐天玛特等外资巨头2015年新开店数均低于2014年，其中大润发新开31家门店，比上年少9家，但仍是新开门店最多的外资企业。

关店方面，7家主要外资超市关店主要集中在沃尔玛和家乐福两家，沃尔玛关店16家、家乐福关店18家，

表3-4：2014、2015年主要外资零售企业开店数和关店数（家）

零售企业	新开店数		关店数	
	2014年	2015年	2014	2015
沃尔玛	25	23	1	16
大润发	40	31	0	0
家乐福	9	17	8	18
乐天玛特	4	1	6	5
卜蜂莲花	4	5	1	1
麦德龙	6	4	1	2
欧尚	9	8	0	0

数据来源：联商网

（七）零售上市公司利润快速下滑

2015年，上市公司同样面临业绩下滑，根据中华全国商业信息中心对上市公司年报的整理，2015年，零售百强企业中30家上市公司净利润率中位数为-22.4%，较2014年上市公司中位数降幅扩大20.9个百分点，有21家上市公司净利润出现下滑，比2014年增加5家，且部分上市公司利润下跌速度惨烈。

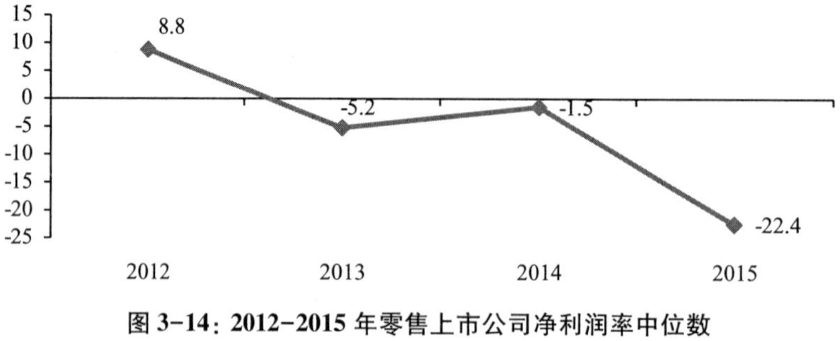

图3-14：2012-2015年零售上市公司净利润率中位数

数据来源：中华全国商业信息中心整理

表 3-5：2015 年零售百强企业中上市企业净利润增速（%）

序号	公司名称	净利润增速	序号	公司名称	净利润增速
1	苏宁云商	0. 64	1	豫园商城	-19. 52
2	南京新百	-7. 95	2	新世界	-78. 22
3	武汉中商	-283. 81	3	王府井	3. 96
4	银座股份	-42. 6	4	天虹商场	124. 44
5	华联综超	-48. 15	5	中兴商业	-16. 52
6	广州友谊	-12. 8	6	合肥百货	-28. 32
7	杭州解百	-5. 93	7	友阿股份	-11. 98
8	首商股份	2. 85	8	重庆百货	-25. 28
9	中百集团	-96. 99	9	广百股份	5. 21
10	三江购物	-38. 89	10	鄂武商	21. 16
11	友好集团	-83. 35	11	大商股份	-46. 1
12	翠微股份	0	12	步步高	-38. 08
13	红旗连锁	5. 26	13	华联股份	197. 22
14	文峰股份	-42. 03	14	永辉超市	-28. 92
15	通程控股	-28. 46	15	中央商场	-72. 32

数据来源：上市公司财报

三、供给侧改革下的零售业发展思路

供给侧改革是对改革方向的高度概括，从根本上讲是解决有效需求，解决的是供给与需求的不匹配问题。对于零售业来说，供给侧改革的核心是要推出更能满足消费需求的商品和服务，促进零售商回归商业本质，包括加强商品创新、业态创新，优化供应链，提高商品性价比等等，也就是把思路从原来的向上（品牌商、供应商、政府等）服务变为真正的向下（消费者）服务，紧紧围绕消费者，以消费者为行业设计的唯一出发点和最终落脚点来进行有效供给。2016 年政府工作报告中也提出，要努力改善产品和服务供给，提升消费品品质，培育精益求精的工匠精神，增品种、提品质、创品牌。

具体来说，供给侧改革下零售业需要做到以下几点：

（一）提供专业服务

随着市场的发展，我国零售业已经结束了高速扩张期进入了竞争激烈的阶段，以前靠收取扣点和房租等模式就能经营得不错的企业将面临淘汰的风险。未来的零售业要起到高于消费者的作用，有着独特的“商业灵魂”，一定是以专业的人才、专业的模式、专业的经营最终提供给消费者专业化的服务，才能够获得市场的认可，而不是盲从潮流，粗放经营。

（二）提供与消费层次相匹配的环境

环境是品牌、企业重要的形象和“软文化”，是给消费者形成第一印象的重要载体。供给侧改革思路下，零售业应提供与自身定位、目标人群所处层次相匹配的消费环境。一般而言，定位高端、溢价较高的商品目标消费人群颜值也高，这些顾客对环境的要求也很高，需要购物环境优雅干净、有一定艺术气息和高雅品位，而定位低端的零售业目标消费人群对价格最为敏感，在某种程度上可以牺牲一定的环境因素，更多的零售业则需要在多方面因素上取得一个更折中的平衡。

（三）提供高性价比

不管市场怎么发展，零售业都离不开“质优价低”的商业本质。以服装消费市场为例，一方面是快时尚品牌的门庭若市，熙熙攘攘，一方面是传统百货的冷冷清清，归根结底还是传统百货商品的“性价比”低。

提高商品的性价比从两方面入手，一方面是利用共享经济思维激发经济效益，提高性价比。共享的结果要么是降低了企业的成本，从而让消费者可以享受到同等质量的价格更低的商品，要么是通过增强体验感、趣味性、便利性等附加服务提高商品的性能。

另一方面，我国零售企业需要在全球范围内做到高性价比。除了加大自营比例、通过共享思维和互联网技术降低成本、增强服务质量提高溢价、引进新品牌形成垄断差异化等措施以外，2015 年还有一个举措就是采购全球化，开全球购实体体验店。

（四）提供生活方式

结合现在的社会发展及消费心理，简单的向消费者提供商品已经不能打动其消费欲望，人们越来越追求精神层面上的愉悦，和注重独特的生活方式。在供给侧改革下，针对这一点，就是要由简单提供物质转为卖给消费者蕴含在商品之上的生活方式，即由“商品垄断”转向“精神契合”。

近两年零售行业大力发展的“主题店”、“特色店”，都是我国零售企业在生活方式上的尝试。

第四部分 零售业区域发展环境

2015年十二届全国人大三次会议中《政府工作报告》提出，统筹实施“四大板块”和“三个支撑带”，一方面，进一步有序推动此前形成的东、中、西部及东北“四大板块”战略；另一方面，增加“一带一路”、京津冀协同发展、长江经济带三大战略。

一、“四大板块”零售业发展环境

2015年我国《政府工作报告》中提出：“四大板块”包括：在西部地区开工建设一批综合交通、能源、水利、生态、民生等重大项目，落实好全面振兴东北地区等老工业基地政策措施，加快中部地区综合交通枢纽和网络等建设，支持东部地区率先发展，加大对老少边穷地区支持力度，完善差别化的区域发展政策。从四个地区的发展现状来看，东北三省随着我国经济进入发展新常态，正处于结构调整阵痛加剧阶段，经济下行的压力最大，经济总量增长趋缓的形势最为严峻。

（一）东部地区生产总值增长压力较大

1. 2015年东北地区生产总值同比增长较慢，其余地区实现较快增长

2015年，东部地区10省（自治区、直辖市）生产总值同比增长8.0%[①]，中部地区6省（自治区、直辖市）同比增长8.2%，西部地区12省（自治区、直辖市）同比增长8.6%，均实现了同比较快增长，其中西部地区生产总值增速仍高于东部和中部地区。东北地区则延续了上年的增速放缓态势，三省的地区生产总值同比增长4.5%，增速相比上年的5.9%回落了1.4个百分点。其中，辽宁、吉林、黑龙江地区生产总值2015年分别同比增长3%、6.5%和5.7%，在全国31个省（自治区、直辖市）中处于落后位置。

---

① 四个地区生产总值增速根据《2016年统计摘要》中各个省、市、自治区数据（当年生产总值、增速）进行计算

从其他省份来看，与东北三省同样面临经济下行压力的还有山西省，2015 年山西地区生产总值同比增长 3.1%，在全国各省份中仅领先于辽宁省。这四个省份产业结构偏向于资源性企业及重工业，在钢铁、煤炭行业去产能的情况下，经济受到较大冲击。此外，2015 年全国有三个省份生产总值同比增速超过 10%：重庆和西藏均同比增长 11%，贵州同比增长 10.7%，均为西部地区省份。

表 4-1：2015 年全国各省（直辖市、自治区）国内生产总值增速（按不变价格计算）

地　区	省（市、区）	GDP 增速（%）
东部	北京市	6.9
	天津市	9.3
	河北省	6.8
	上海市	6.9
	江苏省	8.5
	浙江省	8
	福建省	9
	山东省	8
	广东省	8
	海南省	7.8
中部	山西省	3.1
	安徽省	8.7
	江西省	9.1
	河南省	8.3
	湖北省	8.9
	湖南省	8.6
西部	内蒙古自治区	7.7
	广西壮族自治区	8.1
	重庆市	11
	四川省	7.9
	贵州省	10.7
	云南省	8.7
	西藏自治区	11
	陕西省	8
	甘肃省	8.1
	青海省	8.2
	宁夏回族自治区	8
	新疆维吾尔自治区	8.8

续表

地　区	省（市、区）	GDP 增速（%）
东北	辽宁省	3
	吉林省	6.5
	黑龙江省	5.7

2. 西部地区生产总值占全国的比重连续上升，东北地区连续四年回落

根据国家统计局发布的数据，2015 年我国四个地区生产总值占全国的比重分别为：东部地区占比 51.5%、中部地区占比 20.3%、西部地区占比 20.1%，东北地区 8.0%。其中，东部地区所占比重是近四年的最高值，相比上年提升了 0.3 个百分点；中部地区与上年持平；西部地区相比 2012 年提升了 0.3 个百分点；东北地区则由 2012 年的 8.7%持续回落。

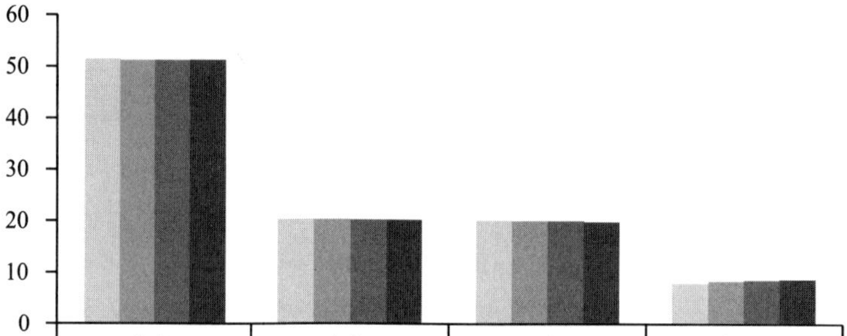

	东部	中部	西部	东北
2015 年	51.5	20.3	20.1	8
2014 年	51.2	20.3	20	8.4
2013 年	51.2	20.2	20	8.6
2012 年	51.3	20.2	19.8	8.7

图 4-1：2012-2015 年全国四个地区生产总值占全国 GDP 的比重（%）

数据来源：国家统计局 2016 年中国统计摘要

从三次产业情况来看，中部地区第三产业发展迅速，为中部崛起提供了有力保障。根绝国家统计局发布的数据，2015 年我国中部地区第三产业生产总值占全国第三产业生产总值的比重为 18.2%，相比 2014 年上升了 0.4 个百分点；西部地区与上年持平，仍为 18.3%；东部地区所占比重由上年的 56.1%下降为 55.9%，东北地区由上年的 7.8%回落为

7.7%。从地区内部三产构成来看，2014 年中部地区三产构成为 11.07∶49.87∶39.06，2015 年三产结构变为 10.78∶47.37∶41.84。

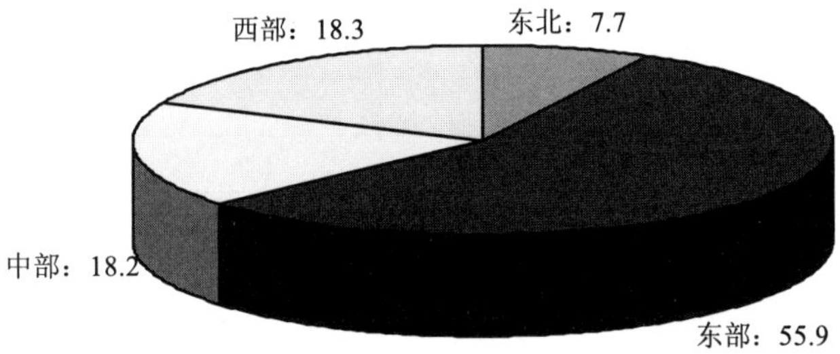

图 4-2：2015 年各地区第三产业生产总值占全国第三产业生产总值的比重（%）

数据来源：国家统计局 2016 年中国统计摘要

（二）各地区不同品类 CPI 涨幅表现出差异化

1. 四个地区 CPI 涨幅均值差异不大

2015 年，我国居民消费价格（CPI）重回“1”时代，维持在较低的通胀水平，同比上涨 1.4%，在上年物价涨幅回落 0.6 个百分点的基础上再次回落了 0.6 个百分点，也是自 2010 年以来的最低物价涨幅。其中，衣食住行娱乐类分别同比上涨：衣着类 2.7%、食品类 2.3%、居住类 0.7%、交通和通信-1.7%、娱乐教育文化 1.4%。

分地区来看，2015 年我国东部和西部地区居民消费价格均同比上涨 1.5%①，东北地区同比上涨 1.4%，中部地区涨幅最低，为 1.3%。与上年同期相比，除东北地区的 CPI 涨幅均值回落 0.5 个百分点以外，其余地区 CPI 涨幅均值均降低了 0.6 个百分点。

从全国各省市来看，2015 年 CPI 涨幅超过 2%的省份有三个：西部地区的西藏（2%）、青海（2.6%）和东部地区的上海（2.4%）；CPI 涨幅低于 1%的省份有三个：东部地区的河北（0.9%）、中部地区的山西（0.6%）和西部地区的新疆（0.6%）。

① 此处为简单算术平均得值，下同

表 4-2：2014 年、2015 年全国各省（直辖市、自治区）居民消费价格涨幅（%）

地　区	省（市、区）	2014 年	2015 年
东部	北京市	1.6	1.8
	天津市	1.9	1.7
	河北省	1.7	0.9
	上海市	2.7	2.4
	江苏省	2.2	1.7
	浙江省	2.1	1.4
	福建省	2	1.7
	山东省	1.9	1.2
	广东省	2.3	1.5
	海南省	2.4	1
中部	山西省	1.7	0.6
	安徽省	1.6	1.3
	江西省	2.3	1.5
	河南省	1.9	1.3
	湖北省	2	1.5
	湖南省	1.9	1.4
西部	内蒙古自治区	1.6	1.1
	广西壮族自治区	2.1	1.5
	重庆市	1.8	1.3
	四川省	1.6	1.5
	贵州省	2.4	1.8
	云南省	2.4	1.9
	西藏自治区	2.9	2
	陕西省	1.6	1
	甘肃省	2.1	1.6
	青海省	2.8	2.6
	宁夏回族自治区	1.9	1.1
	新疆维吾尔自治区	2.1	0.6
东北	辽宁省	1.7	1.4
	吉林省	2	1.7
	黑龙江省	1.5	1.1

2. 东部地区衣着类价格涨幅最高，中部地区住类价格回落

从对国家统计局发布的数据进行汇总计算，2015 年我国东部地区衣着类 CPI 平均涨幅领先，达到了 3.5%，而西部地区这一数值为

2.8%，中部和东北地区为2.3%。东部地区各省市中，上海市衣着类CPI涨幅遥遥领先，为7.8%，海南、北京、山东也涨幅较高，分别为3.7%、3.6%和3.5%。此外西部地区的青海和广西衣着类物价涨幅也较高，分别达到了5.1%和5.0%。

（14）从居住价格来看，2015年中部地区价格同比回落0.2%，明显低于东部地区的1.1%、西部地区的0.9%和东北地区的0.8%。中部地区6省市中，安徽、江西、湖南居住类CPI价格均表现为同比下降。

（15）此外，食品类CPI价格涨幅东部地区最高（均值为2.3%）、交通和通信类东部地区CPI价格回落幅度最大（回落了2.0%）、娱乐教育文化类CPI价格涨幅东北地区（0.9%）明显低于其他三个地区。

表4-3：2015年全国各省（直辖市、自治区）各品类居民消费价格涨幅（%）

地　区	省（市、区）	食品	衣着	交通和通信	娱乐教育文化	居住
东部	北京市	1.6	3.6	2.8	0.8	2.6
	天津市	1.7	3	-2.6	4.2	2.6
	河北省	0.8	3.1	-1.7	1.1	-0.1
	上海市	2.9	7.8	-2.4	0.3	4.6
	江苏省	3	3	-2.7	1.8	0.9
	浙江省	3.3	1.8	-4	1.4	0.8
	福建省	2.3	2.9	-1.7	1.2	1.3
	山东省	1.2	3.5	-1.6	1.9	0.8
	广东省	3.5	2.3	-2.1	1.4	0
	海南省	2.9	3.7	-4	2.8	-2.3
中部	山西省	0.4	2.2	-2.7	1.7	0.2
	安徽省	2.3	1.4	-1.9	1.4	-0.4
	江西省	3.3	3.2	-1.2	1.1	-1.5
	河南省	1.8	2.3	-2.1	2.1	1
	湖北省	2.2	2.7	0.2	1.3	0.6
	湖南省	3	2.2	-1.9	1.4	-0.8
西部	内蒙古自治区	1.4	2.8	-2	1.4	-0.3
	广西壮族自治区	2.6	5	-1.5	1.3	-0.4
	重庆市	1.8	2.8	-2	1.2	1.2
	四川省	2.9	1.4	-0.7	1.1	0.5

续表

地　区	省（市、区）	食品	衣着	交通和通信	娱乐教育文化	居住
西部	贵州省	2.6	0.8	0.6	3.4	0.6
	云南省	3.4	2	-1.7	1.1	0.6
	西藏自治区	3.1	2.4	-1.5	1.4	0.7
	陕西省	0.9	2.3	-0.3	1.5	0.2
	甘肃省	1.7	3.1	-1.4	0.6	1.9
	青海省	2.5	5.1	0.4	3.1	3.2
	宁夏回族自治区	0.4	2.8	-1.4	5.7	0.3
	新疆维吾尔自治区	-0.8	3.4	-0.7	0.9	2
东北	辽宁省	2.5	2	-1	1.1	0.3
	吉林省	2	3.2	-1.1	0.4	1.5
	黑龙江省	1.1	1.6	-1	1.3	0.7

（三）西部地区人均可支配收入涨幅较高，但城乡收入差距仍较大

1. 东部、东北地区居民人均可支配收入涨幅低于西部、中部地区

根据国家统计局发布的数据，2015 年全年全国居民人均可支配收入 21966 元，比上年增长 8.9%，扣除价格因素，实际增长 7.4%；全国居民人均可支配收入中位数 19281 元，同比增长 9.7%。

从人均可支配收入绝对数值来看，东部地区仍遥遥领先。全国 31 个省市中，2015 年人均可支配收入排名前十中有 8 个省市分布在东部地区，其中，上海、北京、浙江排名前三，人均可支配收入分别是 49867.2 元、48458.0 元和 35537.1 元，天津首次迈过三万关口，人均可支配收入达到了 31291.4 元。西部地区除内蒙古和重庆人均可支配收入冲破“2 万元”大关以外，其余省份人均可支配收入均在 2 万元以下，其中，人均可支配收入排名最低的 10 个省市中，除中部地区的河南外，其余均为西部地区省市。

但从人均可支配收入增长速度来看，西部、中部地区增长较快而东部、东北地区增长较慢。2015 年人均可支配收入名义增速超过全国名义增速的省市有 14 个，全部分布在西部和中部地区。换一个角度来看，2015 年西部地区除宁夏涨幅与全国水平持平、内蒙古、广西不及全国水平以外，其余 9 个省市人均可支配收入名义增速均超过了 8.9%，其中有 6 个省市名义增速在 10%以上：贵州 10.7%、云南 10.5%、西藏

14.2%、甘肃 10.5%、青海 10.0%、新疆 11.7%。而中部地区除山西以外的其余 5 个省市人均可支配收入增速也均高于 8.9%；全国 31 个省市人均可支配收入涨幅低于 8.0%的有 3 个，分别为辽宁、黑龙江和吉林，均分布在东北地区；东部地区 10 省市中，除北京、福建人均可支配收入名义增速为 8.9%，其余 8 省市均低于全国水平。

表 4-4：2015 年全国 31 省（直辖市、自治区）全体居民人均可支配收入及增速

地　区	省（市、区）	全体居民人均可支配收入（元）	名义增速（%）
东部	北京市	48458	8.9
	天津市	31291.4	8.5
	河北省	18118.1	8.8
	上海市	49867.2	8.5
	江苏省	29538.9	8.7
	浙江省	35537.1	8.8
	福建省	25404.4	8.9
	山东省	22703.2	8.8
	广东省	27858.9	8.5
	海南省	18979	8.6
中部	山西省	17853.7	8.0
	安徽省	18362.6	9.3
	江西省	18437.1	10.2
	河南省	17124.8	9.1
	湖北省	20025.6	9.5
	湖南省	19317.5	9.6
西部	内蒙古自治区	22310.1	8.5
	广西壮族自治区	16873.4	8.5
	重庆市	20110.1	9.6
	四川省	17221	9.3
	贵州省	13696.6	10.7
	云南省	15222.6	10.5
	西藏自治区	12254.3	14.2
	陕西省	17395	9.8
	甘肃省	13466.6	10.5
	青海省	15812.7	10.0
	宁夏回族自治区	17329.1	8.9
	新疆维吾尔自治区	16859.1	11.7

续表

地　区	省（市、区）	全体居民人均可支配收入（元）	名义增速（%）
东北	辽宁省	24575.6	7.7
	吉林省	18683.6	6.6
	黑龙江省	18592.7	6.8

2. 东部、中部各省市农村居民人均可支配收入名义增速均超过城镇，西部地区城乡收入绝对值差距倍数最大

按常住地分，2015 年城镇居民人均可支配收入 31195 元，比上年增长 8.2%，扣除价格因素，实际增长 6.6%；城镇居民人均可支配收入中位数为 29129 元，增长 9.4%。农村居民人均可支配收入 11422 元，比上年增长 8.9%，扣除价格因素，实际增长 7.5%；农村居民人均可支配收入中位数为 10291 元，增长 8.4%。

从四大地区各省市的城乡居民收入差距来看，东部、中部地区各省市农村居民人均可支配收入名义增速均快于城镇，而西部地区的西藏农村低于城镇 3.6 个百分点、青海农村低于城镇 1.1 个百分点、新疆农村低于城镇 5.1 个百分点；东北地区 3 省市中，除辽宁农村人均可支配收入名义增速快于城镇以外，吉林和黑龙江农村分别低于城镇 2.2 和 0.9 个百分点。

从各地区城乡居民人均可支配收入绝对值来看①，东、中、西、东北地区城镇人均可支配收入分别为 36478.3 元、26810.1 元、26415.2 元和 27403.5 元，农村人均可支配收入则分别为 14349.4 元、10920.2 元、9064.4 元和 11487.5 元，从城镇人均可支配收入相比农村的倍数来看，2015 年西部地区城乡收入差距最大，倍数为 2.9，东部、中部和东北地区这一数值则分别为 2.5、2.5 和 2.4。

① 通过各省市城乡人均可支配收入及当年年末城乡常住人口数加权计算

表 4-5：2015 年全国 31 省（直辖市、自治区）全体居民人均可支配收入及增速

地　区	省（市、区）	城镇居民人均可支配收入（元）	名义增速（%）	农村居民人均可支配收入（元）	名义增速（%）
东部	北京市	52859.2	8.9	20568.7	9.0
	天津市	34101.3	8.2	18481.6	8.6
	河北省	26152.2	8.3	11050.5	8.5
	上海市	52961.9	8.4	23205.2	9.5
	江苏省	37173.5	8.2	16256.7	8.7
	浙江省	43714.5	8.2	21125	9.0
	福建省	33275.3	8.3	13792.7	9.0
	山东省	31545.3	8.0	12930.4	8.8
	广东省	34757.2	8.1	13360.4	9.1
	海南省	26356.4	7.6	10857.6	9.5
中部	山西省	25827.7	7.3	9453.9	7.3
	安徽省	26935.8	8.4	10820.7	9.1
	江西省	26500.1	9.0	11139.1	10.1
	河南省	25575.6	8.0	10852.9	8.9
	湖北省	27051.5	8.8	11843.9	9.2
	湖南省	28838.1	8.5	10992.5	9.3
西部	内蒙古自治区	30594.1	7.9	10775.9	8.0
	广西壮族自治区	26415.9	7.1	9466.6	9.0
	重庆市	27238.8	8.3	10504.7	10.7
	四川省	26205.3	8.1	10247.4	9.6
	贵州省	24579.6	9.0	7386.9	10.7
	云南省	26373.2	8.5	8242.1	10.5
	西藏自治区	25456.6	15.6	8243.7	12.0
	陕西省	26420.2	8.4	8688.9	9.5
	甘肃省	23767.1	9.0	6936.2	10.5
	青海省	24542.3	10.0	7933.4	8.9
	宁夏回族自治区	25186	8.2	9118.7	8.4
	新疆维吾尔自治区	26274.7	13.2	9425.1	8.0
东北	辽宁省	31125.7	7.0	12056.9	7.7
	吉林省	24900.9	7.2	11326.2	5.1
	黑龙江省	24202.6	7.0	11095.2	6.1

（四）网购市场东部地区独占鳌头，东北地区社消和网购增速均最低

1. 中部地区社消总额增长最快，东北地区增速最低

根据国家统计局发布的数据，2015 年我国社会消费品零售总额 300931 亿元，比上年名义增长 10.7%，扣除价格因素实际增长 10.6%，消费对社会经济增长的贡献率达到 66.4%，相比上年提高了 15.4 个百分点，成为我国经济增长的第一驱动力，实现了由投资和外贸拉动为主向由内需特别是消费为主的重大转型①。

从地区社消绝对值数据来看，2015 年我国东部地区实现社会消费品零售总额 155489 亿元，占全国的比重为 51.8%，与上年持平；中部地区实现社消总额 62634.8 亿元，占全国的比重为 20.9%，相比上年提升了 0.3 个百分点；西部地区实现社消总额 55124.1 亿元，占全国的比重基本与上年持平；东北地区实现社消总额 27079.3 亿元，占全国社消总额的比重为 9.0%，相比上年回落了 0.2 个百分点②。

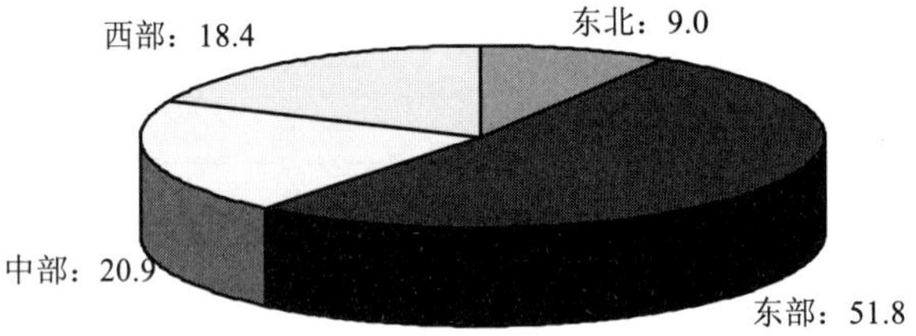

图 4-3：2015 年各地区社消总额占全国社消总额的比重（%）

数据来源：根据国家统计局 2016 年中国统计摘要数据汇总计算

从增速数据来看，2015 年我国中部、西部地区社消总额同比增长较快，分别同比增长 11.6%和 10.6%，东部地区也实现了 10.3%的同比涨幅，东北地区增速最低，为 8.5%。与 2014 年相比，东北地区社消总额增速回落的幅度也最大，为 3.6 个百分点。其余中部、西部和东部地区则分别低于上年同期增速 1.0、2.2 和 1.2 个百分点。31 个省市社消总额增速全国排名中，排名前十的省份除了福建以外，其余 9 个均为中部、西部省市，其中中部地区省市 5 个，西部地区省市 4 个。

① 引用自中国商务部部长高虎城国新办新闻发布会发言

② 由于四舍五入保留一位小数，四个地区的比重加总为 100.1

东北地区3省市社消增速均低于全国10.7%的水平，吉林、黑龙江、辽宁在全国排名中分别处在第21、第23和第27名位置。

表4-6：2015年全国各省（直辖市、自治区）社会消费品零售总额及增速

地 区	省（市、区）	社消总额（亿元）	同比增速（%）
东部	北京市	10338.0	7.3
	天津市	5257.3	10.9
	河北省	12990.7	9.9
	上海市	10131.5	8.9
	江苏省	25876.8	10.3
	浙江省	19784.7	10.9
	福建省	10505.9	12.4
	山东省	27761.4	10.6
	广东省	31517.6	10.7
	海南省	1325.1	8.2
中部	山西省	6033.7	5.5
	安徽省	8908.0	12.0
	江西省	5925.5	12.0
	河南省	15740.4	12.4
	湖北省	14003.2	12.5
	湖南省	12024.0	12.1
西部	内蒙古自治区	6107.7	8.0
	广西壮族自治区	6348.1	10.0
	重庆市	6424.0	12.5
	四川省	13877.7	12.0
	贵州省	3283.0	11.8
	云南省	5103.2	10.2
	西藏自治区	408.5	12.1
	陕西省	6578.1	11.1
	甘肃省	2907.2	9.0
	青海省	691.0	11.3
	宁夏回族自治区	789.6	7.1
	新疆维吾尔自治区	2606.0	7.0
东北	辽宁省	12787.2	7.8
	吉林省	6651.9	9.4
	黑龙江省	7640.2	8.9

2. 网上零售额东部地区占全国八成以上，西部地区增长最快

前瞻产业研究院在《中国电子商务行业市场竞争及企业竞争策略研究报告》中指出：在 2010 年，仅有 3%的私人消费来自于线上；2015 年，中国网络购物者总数近乎翻了三倍，达到 4.1 亿，线上渠道的消费总额已占私人消费的 15%。报告还预测，到 2020 年，私人网上消费将以每年 21%的速度增长，并占私人消费总额的 24%。网络购物正在推动甚至改写我国消费品市场。

根据国家统计局发布的数据，2015 年全年全国网上零售额 38773 亿元，比上年增长 33.3%。其中，实物商品网上零售额 32424 亿元，同比增长 31.6%，占社会消费品零售总额的比重为 10.8%；非实物商品网上零售额 6349 亿元，同比增长 42.4%。

从地区情况来看，传统的经济发达地区同样走在网络购物的前面，以江浙沪为代表的东部地区目前独占鳌头，中、西部地区快速追赶。根据中华全国商业信息中心对公开数据的加工测算，2015 年东部地区网上零售额占全国网上零售额的比重为 82.7%，其次是中部和西部地区，比重分别为 7.8%和 7.1%，东北地区则只占 1.4%。

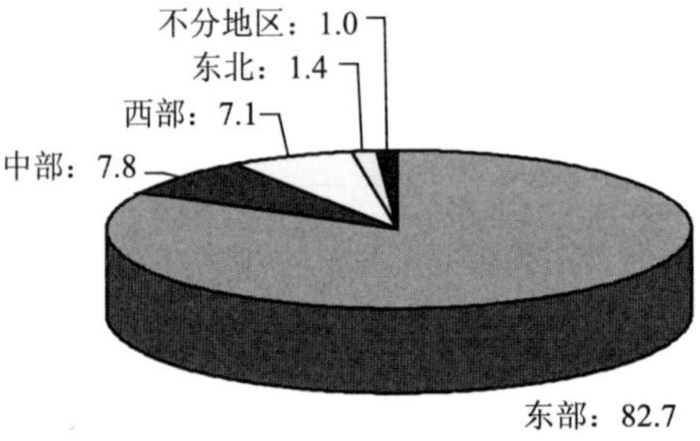

图 4-4：2015 年各地区网上零售额占全国网上零售额的比重（%）

数据来源：根据国家统计局 2016 年中国统计摘要数据汇总计算

与上年同期相比，西部地区网上零售额同比增长最快，增速为 36.3%，其次为东部和中部地区，增速分别为 34.3%和 31.4%，同样的，东北地区增长最为缓慢，2015 年网上零售额相比上年仅同比增长 13.5%。从 31 个省市来看，贵州 2015 年网上零售额同比涨幅最大，为 80%，其次是青海、浙江和安徽，2015 年分别同比增长 59.4%、49%和 42.9%；全国仅甘肃 2015 年网上零售额相比 2014 年呈现回落。

表 4-7：2015 年全国各省（直辖市、自治区）网上零售额及增速

地区	省（市、区）	网上零售额（亿元）	同比增速（%）
东部	北京市	4650.7	32.4
	天津市	496	18.1
	河北省	662.9	31
	上海市	3965.6	30.2
	江苏省	3302.3	39.7
	浙江省	6929.2	49
	福建省	1759.7	30.2
	山东省	1266.2	35.5
	广东省	8939.7	27.3
	海南省	80.4	28.6
中部	山西省	95.1	23.9
	安徽省	572.2	42.9
	江西省	300.4	34.2
	河南省	658	36.8
	湖北省	846.9	37.5
	湖南省	567.6	9.9
西部	内蒙古自治区	63.9	14.5
	广西壮族自治区	205.5	13
	重庆市	376	25.8
	四川省	1057.8	46.7
	贵州省	71.2	80
	云南省	166.5	14.6
	西藏自治区	4.2	29.7
	陕西省	692.9	47
	甘肃省	53.8	-1.5
	青海省	7.9	59.4
	宁夏回族自治区	12	39.2
	新疆维吾尔自治区	44.2	21
东北	辽宁省	365.1	16
	吉林省	86.6	17.9
	黑龙江省	100.6	2.4

二、“三个支撑带”零售业发展环境

（一）一带一路①

1. 一带一路战略配套政策和实施方案基本落地

2015 年，中央与地方政府两个层面都在积极推进《推动共建丝绸之路经济带和 21 世纪海上丝绸之路的愿景与行动》相关配套政策和实施方案的制定与落实。截止到 2015 年 10 月底，已经有大约 10 个国务院有关部门完成了“一带一路”配套政策和实施方案的制定，而地方政府也已基本完成了“一带一路”地方实施方案与国家规划的衔接。

“一带一路”强调世界相关国家打造互利共赢的“利益共同体”和共同发展繁荣的“命运共同体”，这一伟大的战略构想自 2013 年提出，正在全球政经版图上逐渐展开，通过深挖我国与沿线国家的合作空间，将对促进我国中西部地区和沿边地区对外开放、推动东部沿海地区进一步转型升级起到很强的推动意义，从而进一步释放我国的经济增长潜力，加强经济活力。

2. 社会消费品零售总额同比增长 10. 2%

根据计算，2015 年“一带一路”18 个省份共实现社会消费品零售总额 149006. 4 亿元，同比增长 10. 2%，增速低于全国水平 0. 5 个百分点。从 18 个省份看，社消增长有高有低，其中，增速超过 12%的有 4 个省份，分别是福建、湖南、重庆和西藏；辽宁、宁夏、新疆增速较低，均不及 8%。

从比重来看，2015 年“一带一路”社会消费品零售总额占全国的比重为 49. 5%，不到全国的一半。

3. 网上零售额同比增长 32. 8%

根据计算，2015 年“一带一路”省份网上零售额为 24341. 0 亿元，同比增长 32. 8%，占我国网上零售额的比重为 62. 8%；实物商品网上零售额为 20744. 6 亿元，同比增长 30. 6%，占全国的比重为 64. 0%。

---

① 包括新疆、陕西、宁夏、甘肃、青海、内蒙古、黑龙江、吉林、辽宁、广西、云南、西藏、上海、福建 、浙江、广东、海南、重庆

从各省份情况来看，网上零售额除黑龙江、湖南和甘肃外，其余省份均实现两位数的增长；实物网上零售额除湖南同比增长 14.5%、新疆同比增长 17.4 以外，其余省份均实现了超过 20%的增长。

4. 旅游消费将成为一带一路经济带消费新引擎

虽然在国家“一带一路”战略规划中，旅游业只是处于一个边缘化的位置，但带旺旅游业却是国家发展一带一路经济带必然会带来的一个结果。发展一带一路战略，与区域开发开放结合起来，有利于旅游资源相互交流，经济带内交通运输领域的重点发展，也有利于旅游人群的流动。国家旅游局表示，正在根据“一带一路”整体规划，会同有关部门制定相关旅游规划，这将推动一带一路经济带城市旅游业整体水平提高。此外，2015 年 10 月，我国 30 余“一带一路”沿线城市联合组建“一带一路”城市旅游联盟，旨在旅游发展、节庆活动、旅游品牌培养、旅游市场开发、旅游客源互送、媒体宣传和国际交流等方面开展合作，全方位推动一带一路沿线城市经济发展和文化旅游交流。与此同时，一带一路经济带内城市也在根据自身情况积极修炼内功，以此契机努力发展旅游经济。如陕西将围绕“一带一路”国家战略构想和中国丝绸之路旅游年活动主题，推出彰显丝路起点的历史文化旅游产品、红色旅游产品、汉唐帝陵旅游产品及中国美丽乡村等系列旅游主题产品。

目前，随着经济社会发展和人们对休闲生活方式的追求，旅游已经成为我国消费市场非常重要的主力军，对我国经济增长的拉动率呈现上升之势。根据 2015 年年底的数据，世界旅游业理事会测算中国旅游产业对 GDP 综合贡献超过 10%，大约为 10.1%，这一数字超过了教育、银行、汽车产业。国家旅游数据中心的数据则显示中国旅游就业人数占总就业人数的比重达到了 10.2%。旅游消费本就已经成为我国消费市场一抹绚丽的“彩虹”，随着一带一路国家战略的开展，再加上经济带内很多城市地处西北，其生态环境、生态资源将越来越为人所知，其旅游消费将成为经济带消费市场增长的一个新热点。

（二）京津冀

1.《京津冀协同发展规划纲要》发布实施，目标到2030年一体化格局基本形成

2015年8月份，《京津冀协同发展规划纲要》正式印发实施，纲要中提出，京津冀协同发展的目标是，近期到2017年，有序疏解北京非首都功能取得明显进展，协同发展取得显著成效；中期到2020年，北京市常住人口控制在2300万人以内，协同发展机制有效运转，区域内发展差距趋于缩小，初步形成京津冀协同发展、互利共赢新局面；远期到2030年，首都核心功能更加优化，京津冀区域一体化格局基本形成。

未来京津冀三省市定位分别为，北京市："全国政治中心、文化中心、国际交往中心、科技创新中心"。天津市："全国先进制造研发基地、北方国际航运核心区、金融创新运营示范区、改革开放先行区"。河北省："全国现代商贸物流重要基地、产业转型升级试验区、新型城镇化与城乡统筹示范区、京津冀生态环境支撑区"。

京津冀协同发展的国家战略的实施，从零售行业来讲，有利于推进市场流通一体化，逐步培育一体化、均衡发展的消费品市场。

2. GDP占全国比重为9.6%，三产结构继续优化

2015年，京津冀三地均完成全年经济增长预期目标，运行在合理区间。根据国家统计局发布的数据，2015年，京津冀三地地区生产总值合计69312.9亿元，占全国的9.6%，相比2014年回落了0.1个百分点。第一产业、第二产业、第三产业占全国的比重分别为6.2%、8.2%和11.5%。

根据北京市统计局、国家统计局北京调查总队公布的关于京津冀经济运行、产业生态交通协同发展的相关报告，京津冀三地产业对接力度呈现日益增强的趋势。报告显示，2015年，北京加快推进不符合首都功能定位产业的退出，全年关停退出污染企业326户，拆并疏解商品交易市场57家；另一方面，天津、河北积极引进项目和资金，其中，天津全年承接非首都功能项目860个，引进京冀投资1739.3亿元。河北截至2015年1-10月引进京津项目3621个，资金2748亿元。

从产业结构来看，京津冀地区三产结构进一步优化，根据计算，2015 年京津冀地区第一产业：第二产业：第三产业生产总值结构为 5.5：38.4：56.2，相比 2014 年（5.7：41.1：53.2），第一、第二产业占比回落，第三产业占比明显上升。

3. 社会消费品零售总额同比增长 9.1%

根据计算，2015 年京津冀地区共实现社会消费品零售总额 28586.0 亿元，同比增长 9.1%，增速低于全国水平 1.6 个百分点，增速相比上年回落了 0.7 个百分点。从 3 省市来看，天津保持了社消同比较快增长，增速为 10.9%，河北也平稳增长 9.9%，北京则增速较缓，同比增长 7.3%，在全国 31 个省市中增速仅高于山西，排名倒数第二。

从比重来看，2015 年京津冀地区社会消费品零售总额占全国的比重为 9.5%,，相比上年回落了 0.1 个百分点。

4. 网上零售额同比增长 30.9%

根据计算，2015 年京津冀地区网上零售额为 5809.6 亿元，同比增长 30.9%，占我国网上零售额的比重为 15.0%；实物商品网上零售额为 4835.1 亿元，同比增长 28.6%，占全国的比重为 14.9%。

从 3 省市情况来看，北京、天津、河北 2015 年网上零售额同比增速均不及全国水平，其中天津增速最低，为 18.1%。

（三）长江经济带①

1.《长江经济带发展规划纲要》审议通过，生态保护放在首位

改革开放以来，长江经济带已发展成为我国综合实力最强、战略支撑作用最大的区域之一，是横贯东西、打通中国经济东西向动脉的重要引擎。

2016 年 3 月，中共中央政治局召开会议审议通过了《长江经济带发展规划纲要》，将生态环境保护居于压倒性的战略地位。习近平主席在推动长江经济带发展座谈会上也明确表示："当前和今后相当长一个时期，要把修复长江生态环境摆在压倒性位置，共抓大保护，不搞大开发。"从强调交通走廊和产业，到把改善生态环境作为发展战略的第

① 包括上海、江苏、浙江、安徽、江西、湖北、湖南、重庆、四川、贵州、云南等 11 省市

一位，有助于促使长江经济带地区改革创新和发展新动能。绿色发展，低碳发展，加大产业转型升级。

2. 地区生产总值占全国的比重进一步上升

长江经济带横跨我国东中西三大区域，具有独特优势和发展潜力。长江经济带覆盖我国9省2市，面积约205万平方公里，人口和生产总值均超过全国的40%。根据国家统计局发布的数据，2015年长江经济带实现地区生产总值305337.9亿元，占国内生产总值的比重为42.2%，相比2014年提升了0.6个百分点。第一产业、第二产业、第三产业占全国总值的比重分别为41.6%、42.3%和42.2%。

从产业结构来看，长江经济带三产结构进一步优化，根据计算，2015年长江经济带三产结构为8.3：44.9：46.8，2014年这一结构为8.4：46.9：44.7。

从11省市来看，除上海地区生产总值增速与全国水平持平外，其余省市增速均高于6.9%，其中重庆和贵州GDP增速最高，分别为11%和10.7%。

3. 社会消费品零售总额同比增长11.2%

根据计算，2015年长江经济带共实现社会消费品零售总额125341.6亿元，同比增长11.2%，增速高于全国水平0.5个百分点，增速相比上年同期回落了1.0个百分点。从各省市来看，除上海社消零售额同比增长8.9%、云南同比增长10.2%、江苏同比增长10.3%以外，其余省市均保持了高于全国水平的平稳快速增长。

从比重来看，2015年长江经济带地区社会消费品零售总额占全国的比重为41.7%,，相比上年提升了0.3个百分点。

4. 网上零售额同比增长39.4%，占全国的比重为46.8%

根据计算，2015年长江经济带网上零售额为18155.7亿元，同比增长39.4%，占我国网上零售额的比重为46.8%；实物网上零售额为13021.6亿元，同比增长34.1%，占全国的比重为45.0%。

从11省市情况来看，贵州2015年网上零售额同比增长80%，四川、浙江、安徽也同比增长超过40%，湖南同比增长缓慢，增速为9.9%。

三、区域发展不平衡下蕴藏未来发展潜力

总的来看，我国区域之间的经济发展水平差距较大，区域发展不平衡的现象仍很突出，就消费品市场而言，我国东部地区社会消费品零售总额占据全国一半以上，东北地区所占比重不足一成；网上零售额东部地区占全国比重八成以上，其余三个地区所占比重均不超过10%；长江经济带地区不管是国民经济，还是消费品市场，都在全国范围内遥遥领先，而以江浙沪为代表的网上零售市场更是优势明显。

从“十二五”期间消费品市场来看，我国各地区社会消费品零售总额累计增速均在60%以上。其中，增速在100%以上的地区，除海南外均为中西部地区。北京、上海、广东因商业发展较成熟，增长空间相对有限。长江干流沿线省份增长较快，除上海外，其他省份增速均在90%以上。北方工业地区增长则相对乏力，河北、山西及东北三省的累计增速均不到90%，更不及全国平均水平。

区域发展的不平衡是我国经济发展过程中的问题，也意味着机遇和潜力。差距就是生产力，不平衡下的“区域低谷”蕴含着更多增长空间，试想如果把我国经济欠发达地区的消费规模通过努力消除差距，那我国消费品市场将迎来新一轮的蓬勃发展。而如何通过政策倾斜和市场引导，充分激活我国相对不发达地区的经济活力，也正是我国政府和各界所不懈努力的方向。

第五部分　未来零售业发展趋势

一、2016 年经济展望

（一）固定资产投资增速企稳

2016 年，以“三去一降一补”为目标的供给侧改革将持续推进，传统制造业去产能和房地产去库存任务艰巨。虽然“去产能、去库存、去杠杆”将抑制固定资产投资的增长，从而带来经济转型所必经的阵痛，但加快恢复市场供需两侧间的平衡，将有利于推动我国经济尽快进入新的增长周期。

另一方面，稳增长、保就业依然是政府经济发展的首要目标。新型城镇化和促进区域协调发展将大幅开拓固定资产投资空间，包括重点推进“一带一路”建设、京津冀协同发展、长江经济带发展等发展战略。这也意味着在基础设施、产业布局和生态环保等方面将实施一批重大工程，是我国固定资产投资增速的重要稳定因素。同时，我国还将加大对新兴产业和服务业的支持力度，政府推动万众创新、大众创业和“互联网+”的热度不减，创新示范区、高新区的建立及推广，也将带动相关配套基础设施及产业的投资。

因此，预计我国 2016 年全社会固定资产投资增速将较上年小幅回落，或成为十三五期间投资增速筑底企稳的关键年份，全年全社会固定资产投资名义增速预计在 9%左右。

（二）出口低速平稳增长

2016 年，在上年出口负增长的低基数影响下，我国出口增速将有所回稳，但国内外经济不确定因素依然较多，外贸环境整体低迷，因此预计出口仍将处在低速增长阶段。

其中，IMF 下调 2016 年全球经济增长速度，意味着外部需求仍较为疲软。金融危机以后，我国的出口受到了发达国家再工业化和发展中国家低成本的双重压力，国内传统制造业优势渐微。人民币加入SDR，虽在一定程度上增大汇率弹性，但发达国家货币政策方向及效果均存在不确定因素，单纯贬值对出口的作用被全球货币政策的不确定所弱化。而地缘政治风险包括对俄、对朝制裁，IS恐怖行动等将进一步恶化全球贸易环境。

2016年，政府工作报告提出今年进出口的目标是回稳向好。优化出口退税率结构、促进外贸综合服务企业发展将加快我国贸易转型。“一带一路”建设、亚投行及丝路基金投入运营将扩大我国与沿线国家间的贸易往来，带动高铁、核电等中国先进设备走出去取得突破性进展。自贸试验区和跨境电子商务试点的不断发展和经验推广也将对我国出口贸易起到积极作用。

预计2016年我国出口将呈现低速平稳增长。

（三）物价涨幅预计在2%以上

2016年，推动我国物价涨幅继续下行的因素影响力有所减弱。首先，自2011年起，我国CPI增速几乎呈连年放缓趋势，2015年1.4%的CPI涨幅创2010年以来的新低。在低基数和食品价格上涨较快的作用下，2016年CPI增速将企稳回升。

其次，国际大宗商品、石油及天然气等资源能源价格已经很低，继续下降的空间有限，PPI未来跌幅将在2016年有所收窄，输入性通缩因素对我国物价的下行压力也将有所减弱。

最后，2015年我国广义货币供应量增速达到13.3%，增速较2014年已有所提高。2016年1月新增人民币贷款2.51万亿元，创单月历史新高。国家将在“十三五”开局之年，推动各种基建投资项目，从而带动经济快速进入新的增长周期，我国物价涨幅也将随之有所提高。

预计2016年我国CPI同比增长2%以上。

（四）居民收入增长与经济增长基本同步

我国政府工作报告中提出，2016年的工作目标之一是居民收入增长与经济增长基本同步。目前，我国经济仍然处在结构调整，转型升级的增速换挡阶段，国内外经济形势复杂多变，经济增速、居民收入增速进一步放缓的压力较大。同时，2016年我国养老金上调约6.5%，而此前多年上调幅度都是10%，反映了居民收入增长与经济增长基本同步。

“十二五”时期，我国居民人均可支配收入较2010年已累计实际增长53%，为实现到2020年居民人均收入比2010年翻一番的目标，十三五时期的居民收入平均每年仅需增长5.5%，增速继续回落具备一定空间。

尽管增速可能放缓，但党中央稳增长，惠民生的决心不会改变。十八大以来，全国居民人均可支配收入年均实际增长7.8%，快于同期国内生产总值年均增速。2016年，政府将坚持减税降费，进一步降低企业和个人负担，为居民收入增长创造有利条件。同时，随着新型城镇化的深入推进，城镇人口比重的扩大也将稳定提高居民平均收入水平。

（五）房地产增速将有所加快

2016年，我国楼市政策的主基调依然是“去库存”。为了消化房地产库存、建筑业过剩产能，2015年以来政府已经出台一系列刺激政策，包括5次降息、4次降准、公积金首套自住房首付比例降到20%、商贷首付最低比例下调至25%、营业税免征年限由5年减至2年等等。根据国家统计局数据显示，2016年上半年，商品房销售额的增长远远高于销售面积的增长，这意味着房价上涨趋势未得到有效遏制。2016年上半年房地产新开工面积比销售面积高出1.32亿平方米。这意味着房地产市场一方面在去库存，另一方面也在“补库存”。

但从市场反映来看，楼市主要回暖的城市集中在北上广深一线城市，以及经济活力较大的二线城市，对于库存量最大的三、四线城市来说，市场需求依然疲软，房地产价格仍在下降，去库存压力依然很大。国家统计数据显示，三、四线代表城市商品住宅库存消化时间为13.5个月，在各类城市中仍最高。

预计2016年，我国一线城市和重点二线城市房地产市场依然保持上升趋势，三、四线城市逐步企稳。

（六）消费品市场预计增长10.5%左右

2016年，我国将继续增强消费拉动经济增长的基础作用。提升产品质量、优化消费环境、维护消费者权益、支持发展养老、健康、教育等服务类消费，壮大智能家居、个性时尚消费等政策措施将是我国消费品市场稳定快速发展的重要保障。同时，物流配送网络的不断完善、线上线下商业融合创新、旅游市场的规范化建设以及跨境电商和免税店对境外消费的回流作用，将为“十三五”时期我国消费品市场寻求更多新的增长点。

但另一方面，2016 年我国经济下行压力仍然较大，GDP 增速在“十三五”初期还将继续回落，居民收入增幅也会随之放缓，物价上涨幅度有限，大众消费虽在近年来增长迅速，但从 2015 年限额以下单位商品零售增速来看，也较上年出现 1.7 个百分点的增速放缓。

同时，我国网上实物商品零售额占社会消费品零售总额的比重已经快速提高至 10.8%，在全球属于较高水平，网购市场继续维持超高增速的难度也相对较大。2015 年，全年网上商品零售额增速为 33.3%，较上年大幅放缓 16.4 个百分点，未来涨幅仍将缩小。

综合上述因素，预计 2016 年我国社会消费品零售总额同比增长 10.5%左右。

（七）GDP 预计增长 6.8%左右

2016 年是我国“十三五”规划的开局之年，按照 2016 年政府工作报告的目标，“十三五”时期经济年均增长保持在 6.5%以上，2016 年的经济增长目标是 6.5%到 7%之间，而且，为了保证 2020 年国内生产总值较 2010 年翻一番的目标，“十三五”期间的年均增速底线就是 6.5%。这意味着，我国政府将持续推进结构性改革，采取相机调控的经济治理方式，稳增长、保就业、惠民生，保持经济运行在合理区间，因此经济大幅下滑的风险很小。

从 2016 年前两个月的经济数据情况来看，我国经济下行压力依然较大：

一是行业景气程度偏低。1、2 月份制造业 PMI 持续下滑至 49%，连续 7 个月位于 50%以下。非制造业景气程度较好，但 1、2 月份指数也出现下滑。

二是出口压力依然较大。1、2 月份，我国出口总值（以美元计

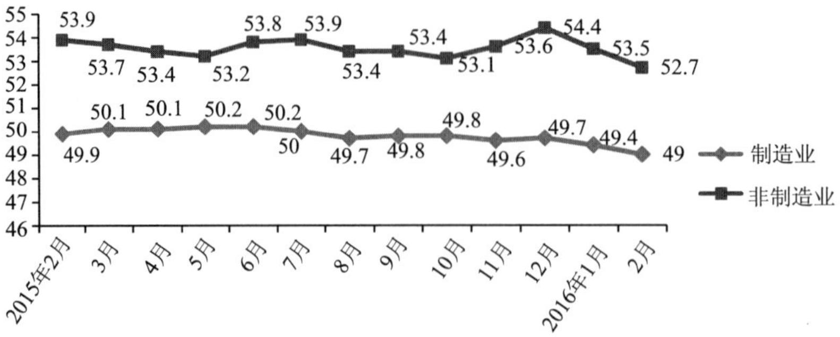

图 5-1：2015-2016 年我国制造业采购经理人指数和非制造业商务活动指数（%）

数据来源：国家统计局

价）同比分别下降 11.2%和 25.4%，对欧美日东盟等市场的进出口均出现同比下降。这也是自 2015 年 7 月份起，我国出口连续 8 个月呈现负增长，且 2 月份出口降幅创 2009 年 5 月以来的新低。

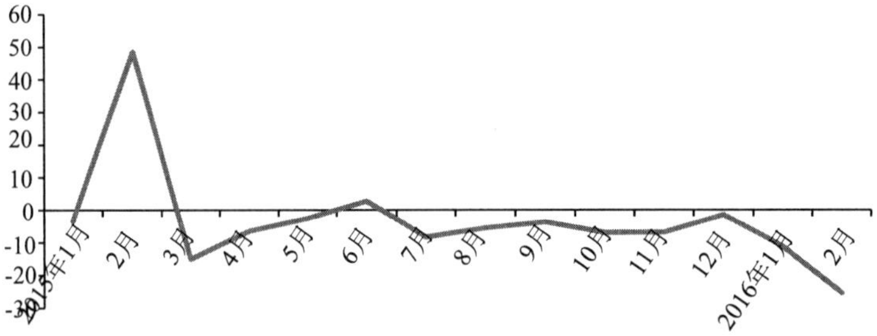

图 5-2：2015-2016 年我国各月出口总值同比增速（以美元计价，%）

数据来源：国家统计局

三是新旧动能转换仍需时间。十八大以来，以习近平同志为总书记的党中央瞄准体制性、结构性问题，通过供给侧改革刮骨疗毒，服务业占 GDP 比重超过 50%，新技术、新产业、新业态得到了快速发展。但结构性改革涉及面广，难度大，2015 年 M2 增速虽然整体加快，但并未有效推动固定资产投资的增长，新兴产业对资金的吸纳能力相对有限，新增货币不能很好地流入实体经济。2016 年，结构性改革仍将围绕“三去一降一补”进行，在此期间，我国经济还需经历伴随阵痛的新旧动能转换过程。

预计 2016 年，我国 GDP 增长 6.8%左右。

二、我国零售业发展趋势

2015 年，我国宏观经济进入严冬：GDP 增速为 1991 年以来最低；出口自金融危机以来首次出现负增长；投资对经济增长的拉动作用减小，广义货币供应量（M2）余额超过 GDP 总量的两倍，投资增速回落至 10%以下；消费品市场增速也由高速增长进入中高速增长阶段。

另一方面，严冬之后就是春季。面对当前错综复杂的宏观经济形势，新届政府从以需求方调控为主，转向重在供给侧改革的经济治理新思路。我国零售业将着重提高商品品质、提升服务质量，新创新、新营销将层出不穷，为消费品市场注入了新活力。

（一）注重提升商品和服务品质

近年来，我国商业地产快速发展，一线、二线城市商业体接近饱和，但其中部分商品给消费者的感觉是价格虚高，性价比较低，而快时尚、大众餐饮、娱乐等业态却门庭若市，归根到底，是零售业传统百货商品的质量和服务没有跟上零售渠道的扩张。

2015 年，中央财经领导小组第十一次会议上提出供给侧改革的发展理念，对于零售业来说，供给侧改革的核心是要推出更能满足消费需求的商品和服务，促进零售商回归商业本质，包括加强商品创新、业态创新，优化供应链，提高商品性价比等等。2016 年政府工作报告中也提出，要努力改善产品和服务供给，提升消费品品质，培育精益求精的工匠精神，增品种、提品质、创品牌。我国零售业未来的发展还是要围绕品牌做强来进行，这不仅关乎“中国制造”的国际形象，更是迎合消费需求，提升人民生活质量的责任所在。

服务提升方面，需要让消费者产生“值得”购买的感觉，品牌和消费者之间建立“情感链接”，让服务员用“爱心”去服务；当消费者心情不好时，能得到关爱，可以利用购物去宣泄情绪；当消费者心情好时，可以得到鼓舞，感受到购物的愉悦。购物的环境，调性，能吸引消费者对商品的品质，功能等产生联想，提高品牌的情感价值。

（二）“互联网+”提升人性化购物体验

2016 年，随着信息技术进步和国家政策支持力度加大，“互联网+”

实体经济的业态形式将更为丰富，线上线下融合互动尝试也将更加多元。实体零售企业将借助互联网信息技术、移动终端 app 以及大数据分析，更好地服务消费者，满足其对信息获取和购物环境优化的需求。

例如商场的门口及各层设置智能终端，通过该终端可以查询到商场所有品牌和品牌下的所有产品，以及最流行的搭配风格；可以设置智能试衣机，把不同的发型、衣服点到自己身上，给予消费者直观的印象；餐饮企业将更多的利用 app 传播打折信息和等位信息，甚至实现无纸化点菜并自助买单。

（三）高颜值+高性价比品牌将更受青睐

尽管网购对实体销售产生较大冲击，但就线上品牌而言，规模发展受限、品牌生命较短的问题也逐渐暴露出来。因此，互联网品牌在发展达到一定规模后，还是会着手开拓线下渠道以解决消费者网上购物的一些痛点，特别是通过打造能带给消费者独特体验的实体店，来提升品牌形象。

未来零售品牌主要通过以下四个方面提高其在消费者心目中的颜值：一是商品所陈列的环境要与品牌形象相匹配，比如无印良品的简洁精致，优衣库的严谨、高品质；二是通过商品组合提供场景式消费，例如服装店通过增加家居生活用品、饰品、花艺等元素，让人们在不经意间接受品牌所传递的文化，并产生消费；三是增加与顾客的互动活动，引入图书、咖啡是吸引客流的一个方法，更重要的是提高导购素质，帮助消费者选择更适合他的衣服，同时增强消费者对该品牌的印象；四是品牌代言人不仅停留在广告代言，品牌聘请明星作为“创意总监”或是“艺术总监”将更有利于其对外宣传。

（四）品牌上新速度将加快

随着主力消费群体年轻化，消费者对品牌、款式的忠诚度都在降低，他们更愿意尝试更多的选择。近年来，快时尚的成功以及设计师品牌的大量涌现都将消费者对时尚的追求和敏感度提升到一个新的层次，因此，品牌需要提升设计、生产、销售等各个环节的效率，形成快速反应的供应链，这样才能对市场变化做出及时的反应。另一方面，上新速度快也为旧款打折促销提供了很好的理由，在不损害品牌形象的同时，又能产生价格上的势能效应，将更有利于刺激消费者的购买欲望。

（五）充分利用共享经济整合增效

共享经济能大规模盘活经济剩余，从而激发经济效益，为经济增长注入一股强大的新动能。对于当前的零售业来说，主要面临三大难点，一是随着居民收入水平的持续提高，商业的多年发展，消费者基本需求极大满足，未来的增长空间主要体现在精神需求上；二是客流两极化非常明显，餐饮、电影、快时尚、女装客流相对较多，男装、家纺、家电等门店客流稀少，这种两极分化的局面造成了经营管理上的困难以及资源上的浪费；第三个难点来自消费者的“逛”心态，和网购相比，线下消费者进店的购物目的性相对较弱，再加上很多消费者购物心理并不成熟，如果商场不加以引导，容易出现“不知道该买什么合适”的感觉。

品牌集合店在一定程度上解决了供需双方的痛点，通过品类组合，在技术上实现客流互补，有效提高商场的综合坪效；另一方面，生活方式型、买手精品型、一站购物型的品牌集合店都将促进以“逛”为目的的消费者快速找到购物感觉，提高客流转换率。同时，品牌还需主动优化产业链，与各个环节共享成本和利益，降低流通成本，减少商品加价率，实现共赢的目标。

三、我国零售市场潜力巨大

（一）城市化进程的不断推进

2015 年我国城镇化率 56. 2%，而按照西方国家城镇化率 70%—80%的标准来衡量，预计未来 10 年我国将有超过 2 亿农村人口要转化为城镇人口，研究显示，城镇化率每提高 1%，农村人均消费性支出就增加 40. 29 元，而城镇居民人均消费性支出就增加 129. 89 元，城镇化越高，居民消费支出就越多，将带来消费市场的持续扩大。

到十三五末，我国城镇化率达到 60%，社会消费品零售额增加 1. 8 万亿以上，提高 1 个百分点，增加 4694 亿元。

（二）大众消费快速增长

中央出台八项规定以来，中国消费市场发生较大变化。在我国反腐倡廉和消费者自主意识提升的促进下，自 2013 年以来，高端商品、餐饮消费增速大幅下滑，市场开始向大众化、理性化回归。近年消费结构出现积极变化，大众化消费受到青睐，高端消费受到抑制，消费市场更趋理性和实惠。2015 年限下单位商品零售额同比增长 13.4%，增速高于限上 5.5 个百分点，限下单位餐饮收入同比增长 13.5%，增速高于限上 6.5 个百分点。这些变化代表着消费市场的理性回归和结构优化，对保持消费持续稳定增长有着非常重要的作用。

（三）新世代消费者崛起

出生于 80、90、00 年代的“新世代”消费者正蓄势待发，成为中国消费市场主导力量。年轻一代的中国消费者比上一代的消费能力更强，消费的“好奇心””更大。首先，“新世代”消费者的教育水平更高。来自阿里巴巴研究院的测算表明，在年轻一代中，拥有本科以上学历的人群占总体的 25%，而在上一代消费者中这一比例仅为 3%。此外，年轻一代消费者的品牌意识更强，他们对品牌的平均认知数量为 20 个，远超过上一代的 7 个品牌。这些新世代消费者的消费力将以年均 14%的速度增长，这一速度是 35 岁以上消费者消费力增速的两倍，预计将贡献 65%的消费增量。

四、对未来零售业发展的几点建议

（一）零售业要做强零售商信誉

目前我国消费品市场竞争投机严重，劣币驱逐良币，消费者在选购商品时往往信息不对称或者面对海量信息无法甄选，而百货业只有做出零售商的专业形象和口碑，才能够吸引和带领顾客进行消费。做得成功的零售企业，一定是因为零售品牌深入人心，从而吸引大家进店消费，也即零售品牌大于商品品牌，而不是什么被商品品牌带着跑。

（二）要提供分层次的商品结构

从 90 年代后期到 2013 年，我国消费品市场步入了商品过剩乃至严重过剩的发展阶段，过去那种同质产品仅靠规模扩大和数量堆积就能满足市场的时代已经一去不返，当下我国消费者本身和消费需求都呈现出明显的分层化现象，为什么去日本买马桶盖，买电饭锅，是因为国内没有能够满足这些升级消费需求的高质量产品，市场需求得不到有效满足。

（三）充分了解消费主体的消费心理和行为

目前我国商品市场中的消费人群可以分为两部分：一是50后、60后、70后，这批人经历了经济匮乏、物质短缺的年代，攒钱防范风险的意识特别强烈，即便经济状况已经改善，但其消费习惯很难改变，即非常注重性价比；二是80后、90后，这批人从小成长的环境普遍物质丰富，商品本身的功能性已经很难打动他们，而精神层面、娱乐性强、个性化和自我化的感觉则很能够触动他们的消费欲望。另外，总的来说，相比西方国家，亚洲国家普遍“面子消费”特征突出，这使得我国消费者越来越成熟、理性的情况与从众式、排浪式消费情况并存。零售业要充分了解自己所定位的是哪些消费人群，然后根据这些人的消费心理和消费习惯来组织商品。

（四）未来零售企业无法再“通吃”，只能围绕自己的优势做精做专做强

在商品严重过剩以前，我国经济处于一个高速增长期，商业好做，钱也好赚，因此零售企业采取的措施都是规模化、连锁化、复制化，但随着商品市场的变化，消费者可选择的商品越来越多，渠道也越来越多，不是真正好的东西和服务消费者就不会去买单，这就意味着零售业竞争白热化，在有限的资源下，只能围绕自己的优势做精一点，而其余大部分领域则会被市场抛弃。

（五）要满足消费者对于生活方式的需求

在人们经济收入水平不高，物质也没有被充分满足的时候，消费者充满了对商品本身的欲望，而现在供给过剩的情况下，人们不再容易对简单的商品有“感觉”，而是开始侧重追求各种生活方式，或休闲、或绿色、或奢华、或清新，能够按照某种生活方式来选择和组织商品，满足人们这一需求的零售业，将会获得该群体的追捧和跟随。

（六）要充分传播知识

80后是有知识、有见识、有理性的消费群体，面对琳琅满足的商品，要给这些消费主力一个购买的“理由”。当下一个非常充分的理

由就是知识，知识消费特点非常突出，例如随着生活水平的不断提高，现在人们对于健康的关注达到了一个前所未有的重视程度，以养生堂等知识普及为内容的节目保健品热卖、食品销售结构受到医学结论的冲击明显，连做财经内容的吴晓波自媒体平台推出吴酒后都迅速售罄。

（七）零售企业要回到商品和服务的本质

企业其核心和利润点就在于销售商品和服务，餐饮也好、娱乐也好，O2O 等“互联网+”也好，都是手段，是过程，是辅助，最终目的还是要为销售商品而服务。当前有很多零售业态盲目引入餐饮、娱乐，或者是开展互联网+，但这些措施不仅没有提升商品和服务，而且吸引来的客流也无法转化成有效客流，这就违背了零售业的本质和初衷，只能是沦为“赔本赚吆喝”。

第六部分　全球零售业发展情况

一、全球零售业发展背景及运行情况

（一）世界经济增速放缓

2015 年世界经济依然呈现出低迷的增长态势。2016 年 4 月份 IMF 公布的数据显示，2015 年世界经济同比增长 3.1%，增速较 2014 年放缓 0.3 个百分点。其中，发达经济体同比增长 1.9%，增速较 2014 年略微提高 0.1 个百分点，而新兴市场和发展中经济体同比增长 4.0%，增速较 2014 年回落 0.6 个百分点。与此同时，IMF 对 2016 年世界经济增速的预测也由年初的 3.4%降至 3.2%。

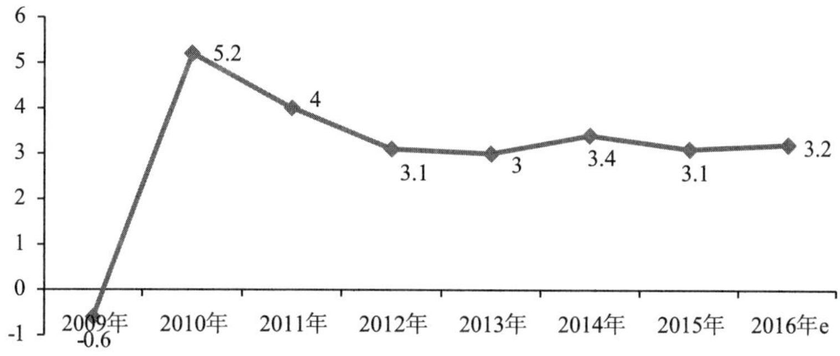

图 6-1：2009-2015 年世界经济增长情况（%）

数据来源：2016 年 4 月份 IMF《世界经济展望》

2015 年发达经济体增速持续缓慢的复苏势头，新兴市场与发展中经济体则在内部需求减弱、石油价格下滑明显及汇率贬值等多重不利因素作用下，增速继续放缓。同时，地缘政治冲突、政治歧见、恐怖主义、难民潮等非经济因素的冲击，也对全球经济活动产生较大的负面作用。

根据 IMF 数据显示，2015 年，美国、日本、德国、英国、法国等主要发达国家均实现经济的正增长，其中，日本、法国经济增速有所加快，美国经济增速与上年持平。新兴市场与发展中经济体方面，中国经济增速有所放缓，且几乎无回到两位数增速的可能；俄罗斯、巴西则出现经济衰退，印度虽然实现 7.3%的较高增速，但 IMF 对此解释为其按财年计算，且未剔除价格因素。

表 6-1：2014-2015 年主要发达国家和金砖五国 GDP 增速

	2014 年	2015 年
中　国	7.3%	6.9%
俄罗斯	0.7%	-3.7%
巴　西	0.1%	-3.8%
印　度	7.2%	7.3%
南　非	1.5%	1.3%
美　国	2.4%	2.4%
日　本	0.0%	0.5%
德　国	1.6%	1.5%
英　国	2.9%	2.2%
法　国	0.2%	1.1%

全球经济在近年来一直呈现低迷的复苏态势，稍有起色却又被其他不利因素所抵消，总体而言，经济缺乏增长动能。而动能的缺乏主要体现在以下几个方面：

一是人口老龄化。人口老龄化和人口增长率放缓会降低就业人口比重，从而降低经济的潜在生产率。世界卫生组织（WHO）在《2016 年至 2020 年老龄化与健康全球战略和行动计划》中以年龄结构为标准，将全球各国划分为三个梯队。其中，第一梯队的日本是唯一一个 60 岁以上人口（包括 60 岁）占比超过 30%的国家；第二梯队为 60 岁以上人口占比在 10%到 30%的国家，包括中国、欧洲、澳洲、北美、南美多数、中亚和北亚及东南亚部分地区；第三梯队则是非洲、格陵兰岛、南亚和阿拉伯半岛等老人比例低于 10%的国家。WHO 还预测，到 2050 年，中国、伊朗、加拿大、新西兰和欧洲大部分地区都将进入日本所在的“第一梯队”，老年人口占比至少 30%，而老年人口占比不足 10%的地区主要集中在非洲。

二是需求管理面临瓶颈。金融危机后，美欧日等主要发达经济体开始采取宽松货币政策，期间也采取积极的财政政策。虽然刺激需求的经济政策促使这些国家的经济进入复苏轨道，但当短期的宏观刺激政策被连用数年后，其累积下来的巨额政府债务以及资产泡沫问题导致了人们对经济能否可持续发展的担忧。根据世界交易所联合会（WFE）的统计和全球股价指数推算，全球总市值在2015年4月底达到74.7万亿美元，创出历史新高，而2015年全球GDP为74.5万亿美元，这意味着全球股票总市值已经超过GDP规模，股市资金的膨胀已经脱离实体经济。

而从政府债务情况来看，自2007年以来，大部分主要经济国家中央政府负债率都在提高。其中，法国、日本、美国、英国负债率呈逐年提升趋势，我国中央政府负债率相对较低。

表6-2：2007-2014年主要国家中央政府负债率（%）①

	2007年	2008年	2009年	2010年	2011年	2012年	2013年	2014年
法　国	57.8	61.3	69.8	71.7	74.7	79.7	81.9	84.6
德　国	39.0	39.5	43.9	51.6	49.6	50.3	49.3	47.9
日　本	143.4	151.5	166.3	174.6	189.1	195.7	202.3	206.6
加拿大	36.9	41.0	49.5	49.5	48.7	49.7	48.3	45.5
美　国	55.6	64.0	76.3	85.6	90.2	94.4	96.8	97.4
英　国	44.0	52.6	67.2	77.9	82.9	88.6	89.7	92.3
中　国	19.4	16.7	17.5	16.6	15.0	14.6	14.9	15.1

三是全球缺乏协调统一的经济治理措施。当经济增长乏力和地缘政治局势紧张同时影响执政党时，其所制定的经济政策更具政治色彩。主要经济体货币政策继续分化，2015年有25个国家共计58次实施了降息措施或施行宽松货币政策，另有10个发展中经济体升息，合计升息了22次，虽然全球流动性总体宽松，但各国实体经济并未受惠。TPP、TTIP等排他性区域经济协定在新一轮国际经济规则重塑中形成壁垒，贸易保护主义以及竞争性的货币、汇率政策将使得国际贸易多

① 数据来源：世界银行、中国财政部、国家统计局、审计署

边谈判更难以推进。同时，各国国内经济政策也更具政治化倾向，政府一方面需要追求高增长，另一方面结构性改革面临较大阻力，英国脱欧反映欧洲内部分化已到严重程度。

四是大宗商品价格大幅下滑。2015 年，世界、发达国家和发展中国家 CPI 同比分别上涨 2.0%、1.0% 和 4.3%，比 2014 年回落 0.5、0.7 和 0.2 个百分点。国际市场大宗商品价格大幅下跌。2015 年，能源价格比 2014 年暴跌 45.1%，非能源价格比 2014 年下跌 15.1%，均连续 4 年下跌。其中，农产品价格下跌 13%，原材料下跌 9.4%，肥料下跌 5.1%，金属和矿产下跌 21.1%。2015 年 12 月 18 日，纽约期货市场轻质原油价格为 34.73 美元/桶，创 2009 年 2 月 18 日以来最低水平。

油价下跌对世界经济的影响喜忧参半，既有积极影响，也有负面影响。德国银行认为，投资者抛售石油可能会促进欧元区的经济增长。另据世界银行测算，油价每下跌 30%，将拉动全球经济增长 0.5%。与此同时，油价下跌对原油出口国的影响却是负面的，据统计，原油价格每下降 10%，这些国家的 GDP 增速将大幅回落 0.8~2.5 个百分点，同时还导致原油出口国财政收入下降、货币贬值、资本外流。同时，低油价将刺激化石能源消费，从而加大燃油排放量，增加减排成本，为推进新能源使用，应对气候变化等国际行动带来负面影响。

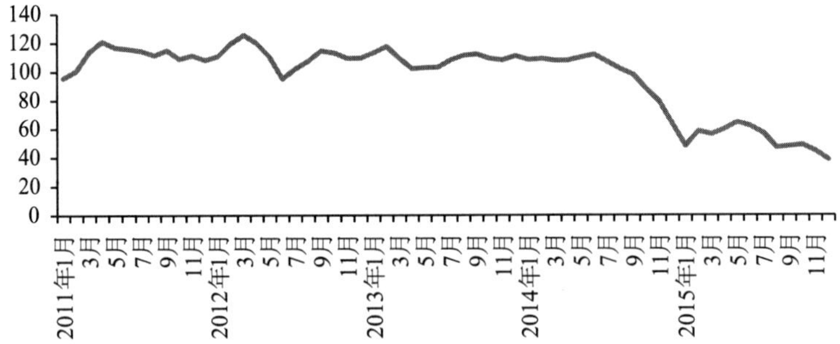

图 6-2：布伦特原油月平均价（美元/桶）

（二）全球主要零售业增速加快，电商收入增速有所放缓

从全球前 250 强零售企业近一财年的表现情况来看，北美地区的本土市场较好，以及中东、非洲的零售企业强势崛起，是全球零售业

整体表现较好的主要原因。而欧洲、日本等地区，在商品价格下降及国内政策起伏波动较大的影响下，零售增速有所回落。

一是主要零售企业收入增速出现回暖。根据《2016 年全球零售力量》数据显示，全球前 250 家大型零售企业在 2014 财年①总体收入实现 4.48 万亿美元，经加权及同价处理后，同比增长 4.3%，增速较上一财年加快 0.2 个百分点，自 2011 财年以来，首次出现增速回暖。但另一方面，250 强零售商的整体盈利性不及上年，复合净利率为 2.8%，较上年下降 0.6 个百分点。

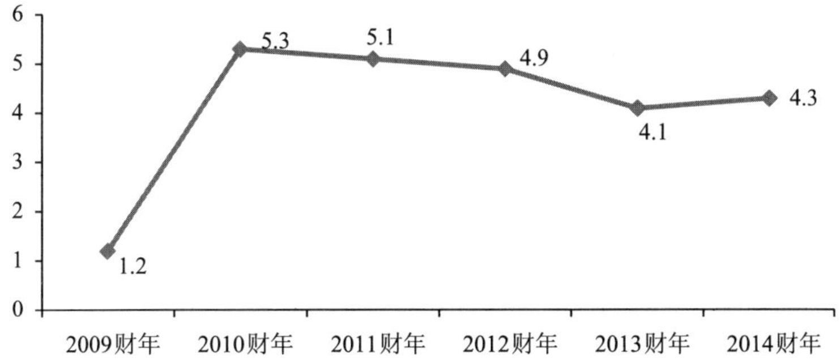

图 6-3：2009-2014 财年 Top250 零售企业收入同比增速（%）

二是中非地区增长较快，欧洲零售商增速继续放缓。2014 财年，前 250 家零售商中，欧洲零售商的收入增速跌至 2009 年以来最低，共有 28 家欧洲零售商销售额出现负增长，其零售额同比仅增长 2.1%，低于上个财年 0.5 百分点，更低于五年复合增长率 2 个百分点。其中，英国食品零售商继续遭受价格下跌的冲击，因而也拖累了欧洲的整体表现。半数英国零售商销售额下降，另有近三分之一增长率降低，致使 2014 财年该国 16 家 250 强公司的复合增长率降至-0.6%。

欧洲共有 93 家公司上榜 2014 年全球零售商 250 强，继续成为上榜公司数量最多的地区；而北美的 87 家上榜公司平均零售收入达到 230 亿美元，保持了 250 强总零售收入的最大份额。尽管规模庞大，但大部分北美零售商的境外业务并不发达，远落后于欧洲零售商。近半数北美零售商仅在国内经营，而只在本土经营的欧洲零售企业这一

① 包括截至 2015 年 6 月

比例约为20%。

亚太地区，日本因提高国内销售税致使零售业增长降温，零售收入增长大幅放缓。进入250强的28家日本零售商中，有11家在2014年销售额降低，另有8家增速放缓。亚太地区总零售收入增长5.8%，稍高于日本5.7%的增长率。尽管2014财年中国大陆/香港的14家零售商收入增长水平显著高于亚太地区整体增速，但其中多数的收入增速放缓或出现负增长。

拉美地区共有9家零售商入围2014财年250强，但其零售收入增速持续放缓，8.5%的增长率仍位居五个地区第二，仅次于非洲/中东。该地区9家250强零售商中有6家增速放缓，整体表现疲软。拉美零售商业务分布国家和地区平均数量仅为2.3个，继续位列全球最低。

非洲/中东地区上榜的8家零售商复合增长率达19.4%，比250强整体高出4.5倍。强劲的增长带动了高达5.6%的利润率，是250强整体的两倍。非洲/中东零售商大力将业务扩展至母国境外，其业务平均分布率达到12.4个国家/地区，近三分之一的零售收入来自境外业务。

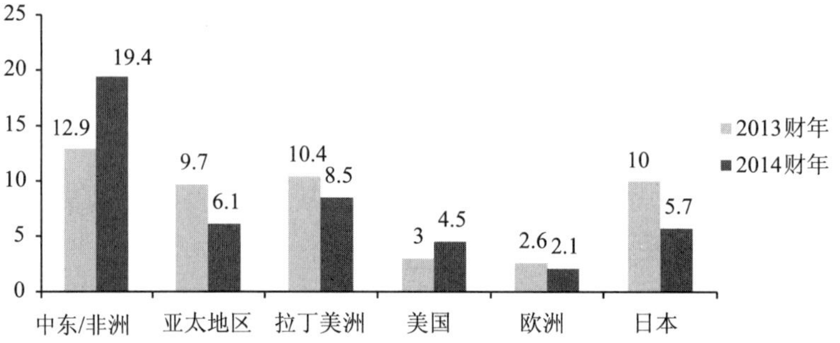

图6-4：2013-2014财年分地区主要零售企业收入同比增速（%）

三是中国零售商份额继续提高。2014财年，我国大陆地区共有9家零售企业入围全球250强零售企业，较上一财年增加1家。其中，苏宁云商、京东商城、国美电器、永辉超市排名均有所提高，京东商城从第92名上升至第58名，上升速度依然最快；大商股份、重庆百货、农工商超市的排名则较上一财年有所下滑；唯品会是2014财年新进入全球250强的中国零售企业。

表 6-3：2013-2014 财年我国大陆地区入围全球 Top250 零售企业

2013 财年		2014 财年	
零售收入排名	入围 TOP250 强零售企业	零售收入排名	入围 TOP250 强零售企业
59	苏宁云商	57	苏宁云商
69	国美电器	58	京东商城
92	京东商城	67	国美电器
129	上海友谊集团股份有限公司	128	上海百联集团股份有限公司
179	大商股份有限公司	169	永辉超市股份有限公司
188	重庆百货大楼股份有限公司	191	大商股份有限公司
189	永辉超市股份有限公司	196	重庆百货大楼股份有限公司
197	农工商超市集团有限公司	212	农工商超市集团有限公司
		246	唯品会控股有限公司

四是线上业务对实体零售商意义重大。2014 财年，50 强电子零售商[①]销售额复合增长率为 19.7%，250 强全球零售商中的电商销售额增长率为 20.3%，两者均远超 250 强零售商整体增长率，但与 2013 财年 26.6%的增速相比，50 强电子零售商增速略有放缓。

50 强电子零售商中有 26 家位于美国，18 家来自欧洲，4 家中国电商，以及巴西、俄罗斯各 1 家。其中，39 家都是多渠道零售商，既有实体店铺，也有在线和其他无店铺销售业务。11 家是无店铺或网络专营零售商。50 强电子零售商中有 38 家入围全球 250 强零售商，中国的唯品会控股有限公司是全球第十二大电子零售商，于 2014 财年成为全球 250 强新上榜公司。

在实体零售增长放缓的情况下，对于很多大型的传统零售商来说，线上销售有助于缓解其实体店销售额增速下滑的压力。全球 250 强零售商中，有 B2C 业务的 140 家公司线上销售额复合增长率为 20.3%。相较之下，这些公司的零售收入复合增长率仅为 3.5%。剔除亚马逊、京东商城和唯品会这三家纯电商后，137 家零售商的线上销售额增长率为 18.2%，总增长率为 3.1%。另外，有 B2C 电商业务的 140 家公司在 2014 财年的综合零售收入有 7.6%来自线上业务，高于上一财年

① 仅指 B2C 电子商务，即公司有自己的库存并向消费者直接销售。

1.1个百分点。尽管线上业务只占这些公司2014财年总零售收入的7.6%，却贡献了他们收入增长的36%。除去3家纯电商后，线上零售增长占这些公司总增长的24.6%。线上销售是其中62家零售商实现增长的主要渠道。

二、主要国家（地区）经济运行和零售业发展情况

（一）美国个人消费对经济增长的贡献超过上年

2015年美国经济延续缓慢复苏的格局，GDP同比增长2.4%，和上年基本持平，相对于其他发达国家相比，2.4%的增长速度仍处在中高增速水平。其中，二、三季度季调后实际GDP分别同比增长3.9%和2.0%，情况相对较好。一、四季度季调后实际GDP分别同比增长0.6%和1.4%，继续呈现两头低中间高的增长态势。

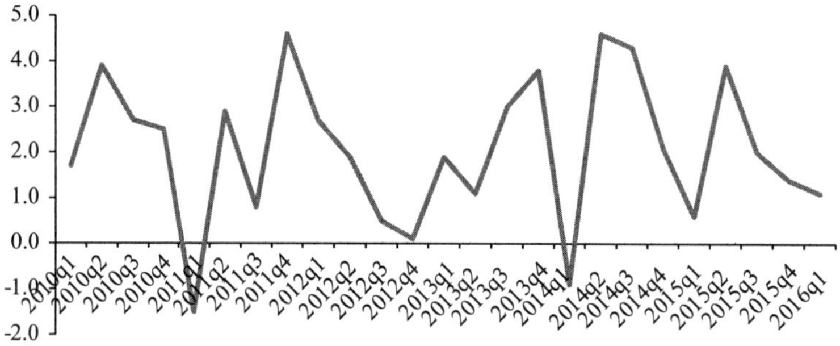

图6-5：2010-2016年美国实际GDP季调后同比增速（%）

数据来源：BEA2016年6月数据库

持续改善的就业情况，并以此带动的消费回暖是美国经济实现稳定增长的主要原因。2015年，美国创造了265万个非农就业岗位，就业市场表现为1999年以来最好的年份之一。官方失业率2015年持续下降，目前失业率已经接近充分就业状态。受就业带动影响，消费者的消费意愿已经出现明显的改善，在GDP增速持平的情况下，2015年美国个人消费拉动GDP增长2.11个百分点，高于上年0.27个百分点。

在能源价格持续走低的压力下，美国CPI同比增速持续处于低位。上半年CPI增速在0附近波动，3、4月份甚至出现-0.1%和-0.2%的

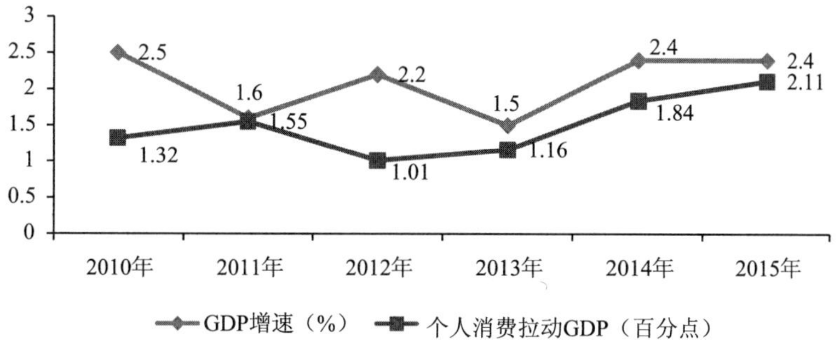

图 6-6：2010-2015 年美国个人消费对 GDP 增长的拉动率

数据来源：实际 GDP 及拉动率，数据来源为 BEA

负增长。下半年随着国内消费需求的回升，核心通胀的上升抵消了能源价格下降的影响，CPI 自 9 月份后持续上升至 0.7%的年内最高位。

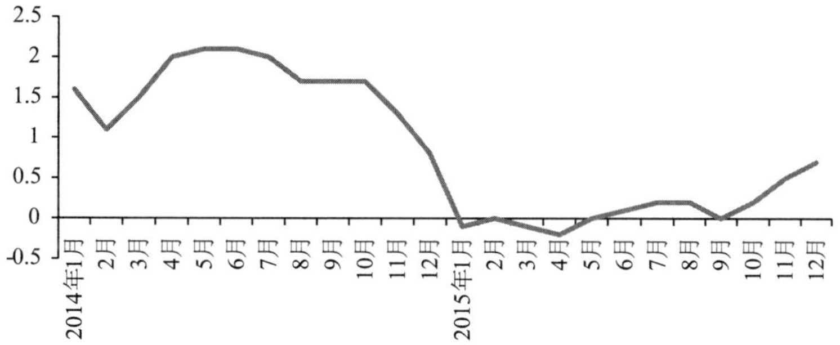

图 6-7：2014-2015 年美国 CPI 月度同比增速（%）

数据来源：东方财富网数据中心

根据美国商务部数据，2015 年，美国零售和餐饮业实现销售总额 5.55 万亿美元，同比增长 2.2%，增速较上年同期放缓 1.6 个百分点，在 CPI 增速大幅回落的情况下，尽管美国个人消费实际增长水平依然较高，但消费品市场的销售额则在 2010 年以来首次出现增速不及 GDP 增速的情况。

其中，商品零售额实现 4.9 万亿美元，同比增长 1.4%，增速较 2014 年放缓 2.1 个百分点。从各品类销售情况来看，除服装及其配件销售增速达到 2.3%，增速快于上年 0.7 个百分点外，其他商品如汽车、家居、建材、食品、五金等销售增速均有所放缓。

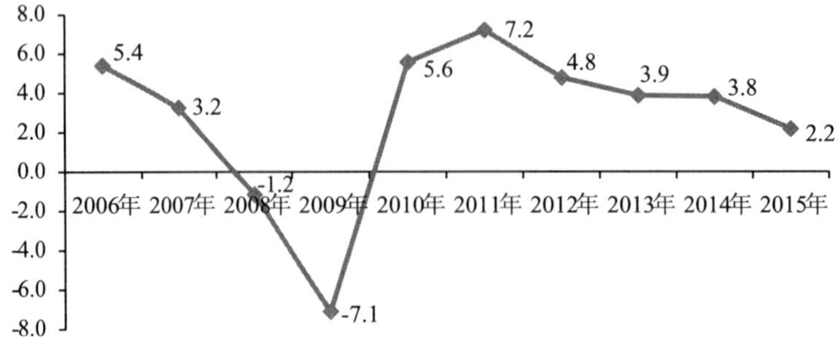

图 6-8：2006-2015 年美国零售和餐饮收入增速（%）

数据来源：BEA

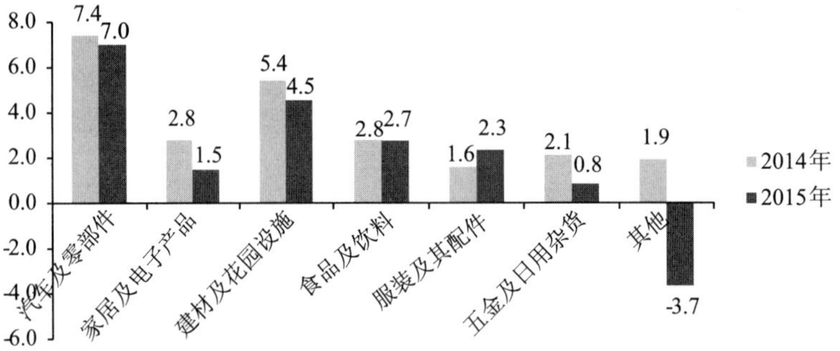

图 6-9：2014-2015 年美国各类商品零售额增速（%）

（二）欧洲经济复苏稳定

在实施极度宽松的货币政策及相关配套措施下，欧洲经济在 2015 年呈现出稳定复苏的特征。从四个季度的季调后实际 GDP 增速情况来看，欧盟为 1.7%、1.9%、1.9% 和 2.0%，欧元区为 1.3%、1.6%、1.6% 和 1.7%，增速持续回暖，且均高于上年同期。

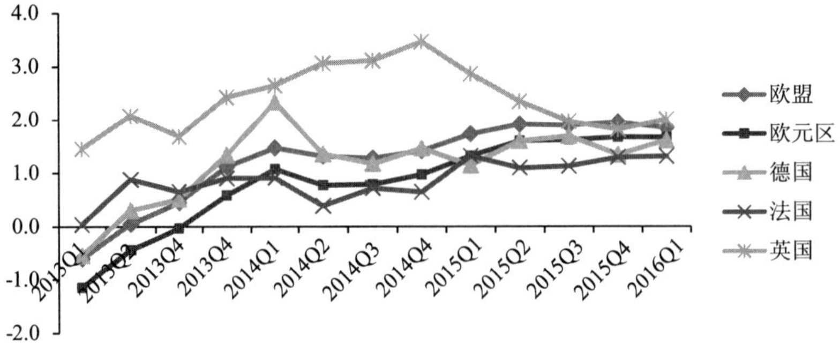

图 6-10：2013-2015 年欧洲 GDP 季调后实际同比增速（%）

数据来源：根据欧洲统计局数据测算

其中，德、法两国季调后 GDP 实际增速虽不及欧盟整体，但基本上呈现上升趋势。而英国虽然在 2015 年增速有所放缓，但仍在前三个季度 GDP 增速领先欧盟整体。同时，受“债务危机”影响的主要欧洲国家也在 2015 年表现出较好的复苏态势。

欧洲主要国家就业情况较 2014 年有所改善，其中德国、英国、希腊、西班牙和意大利失业率均持续下降，法国失业率则略提高 0. 1 个百分点。但另一方面，根据欧盟统计局公布的 2015 年欧盟国家就业率（20 岁-64 岁人口）平均值为 70. 1%，虽较 2014 年微升 0. 9 个百分点，但仍未达到 2008 年时的最高点（70. 3%），与《欧盟 2020 战略》的目标 75%仍有差距。

表 6-4：2010-2015 年欧洲主要国家失业率（%）

	2010 年	2011 年	2012 年	2013 年	2014 年	2015 年
德　国	7	5. 8	5. 4	5. 2	5	4. 6
希　腊	12. 7	17. 9	24. 5	27. 5	26. 5	24. 9
西班牙	19. 9	21. 4	24. 8	26. 1	24. 5	22. 1
法　国	9. 3	9. 2	9. 8	10. 3	10. 3	10. 4
意大利	8. 4	8. 4	10. 7	12. 1	12. 7	11. 9
英　国	7. 8	8. 1	7. 9	7. 6	6. 1	5. 3

2015 年，在能源价格大幅下降的影响下，欧洲通胀率在年初出现较大滑坡，1 到 3 月份欧元区 HICP 同比增速分别为-0. 6%、-0. 3%和-0. 1%。随着非加工食品价格呈现回调趋势，从 2015 年 4 月份起，物

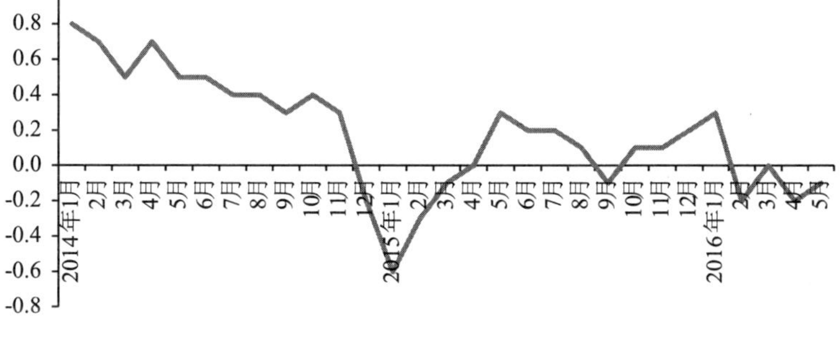

图 6-11：2014-2016 年欧元区 HICP① 月度同比增速（%）

① 调和消费者物价指数，为欧洲成员国价格指数的加权平均值

价指数有负转正，除9月份再次出现负值外，其他各月增速均在0.2%左右徘徊，整体来说处于平稳状态。

在宽松货币政策刺激下，随着经济和就业情况的好转，欧洲零售市场也较2014年出现回暖，根据欧洲统计局数据，2015年各月欧元区零售量均高于上年同期。

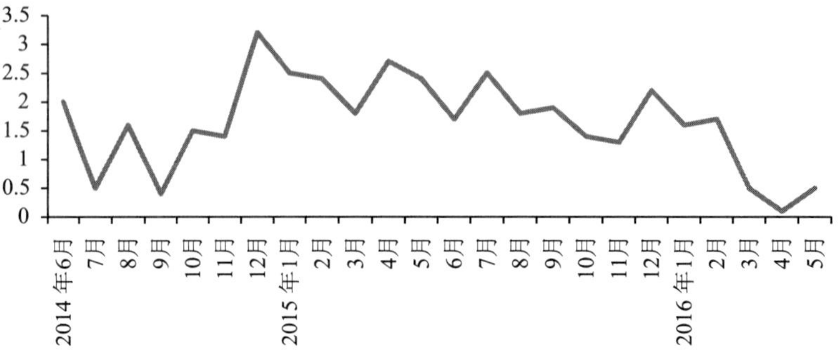

图6-12：2014年6月至2016年5月欧元区零售量月度同比增速（%）

从进入2014财年全球250强零售商的欧洲企业来看，德国零售商销售收入的平均增速为3.1%，增速较上年放缓0.4个百分点；法国平均增长2.8%，增速较上年放缓0.5个百分点；英国零售商平均收入较上一财年下降0.6%。德、法两国虽然零售收入增速有所放缓，但分别高于欧洲平均水平1.0和0.7个百分点，在欧洲零售市场仍占据领先地位。

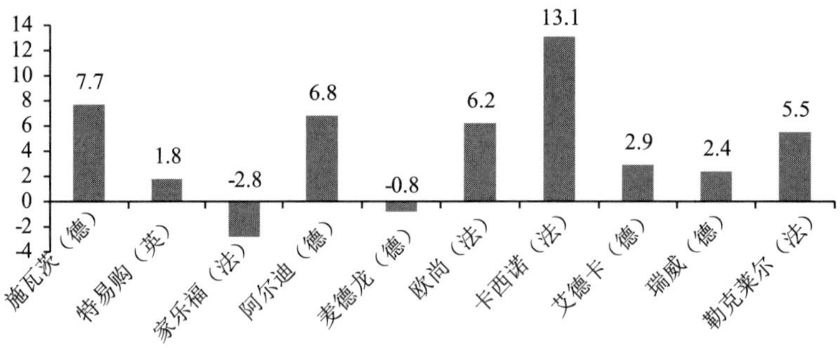

图6-13：2014财年欧洲前十零售商2009-2014财年零售收入复合增速（%）

（三）日本经济不及同期，零售销售高开低走

日本自2012年底实施超量宽松的货币政策，导致近三年来日本对

美元累计贬值38%，从而推动了出口，带动就业。但国内结构性改革进展缓慢，企业对未来的经济前景仍持谨慎观望态度，史上最低的借贷成本也未能刺激该国商业投资。国内通胀水平在稍有起色之后，再次回落至停滞状态。

从日本内阁府最新公布的按2005年不变价计算的实际GDP同比增速来看，2015年日本二、三、四季度实际GDP均实现同比正增长，但这主要与2014年同期负增长的低基数有关，在2016年一季度，日本GDP再次陷入接近0增长的低迷境地。

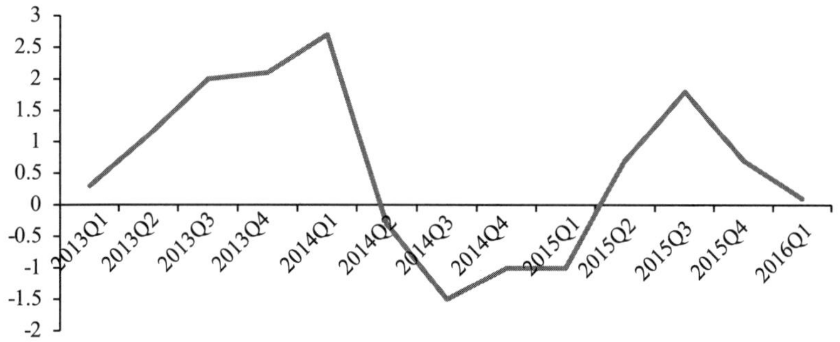

图6-14：2013-2016年日本实际GDP同比增速（%）

数据来源：日本内阁府

尽管日本央行继续推行大规模的宽松货币政策，但实现2%通胀目标的难度依然很大。自2014年4月上调消费税后，日本国内消费需求受到抑制，加之油价下滑影响，2015年日本通胀率呈下行趋势。2015年日本CPI同比增速由1季度的2.3%回落至4季度0.3%，2016年1季度继续放缓至0.1%的低位；其中，商品CPI在2016年1季度甚至

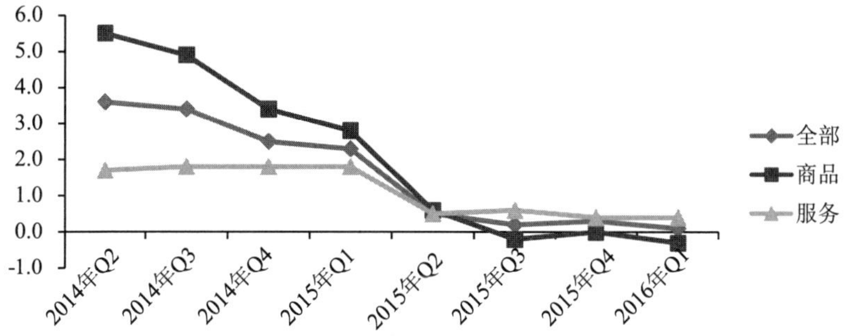

图6-15：2014-2016年日本季度CPI同比增速（%）

数据来源：日本总务省统计局

同比下降 0. 3%，服务 CPI 情况相对较好，但增速也降至 0. 4%。

2015 年日本零售市场整体上在修复 2014 年“提升消费税”对市场造成的冲击。2015 年日本零售销售总额达到 140. 6 万亿日元，同比增长 0. 8%，增速较 2014 年加快 2 个百分点①。其中，一季度和二季度同比增速分别为-4. 8%和 2. 9%，之所以出现较大的差距，其主要原因是同期因“提升消费税”政策影响，产生的突击消费和潜力透支的情况。自 2015 年 3 季度起，日本零售销售季度同比增速持续下滑，至 2016 年 1 季度同比下降 0. 3%。

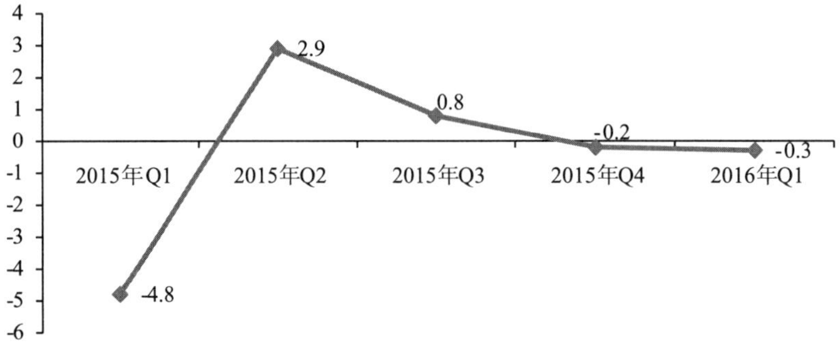

图 6-16：2015-2016 年日本零售销售季度同比增速（%）

数据来源：日本经济产业省

三、全球重点零售企业发展情况

（一）沃尔玛营收出现下滑

沃尔玛在 2015 年出现 1980 年以来的首个年度营业收入下滑。根据其在 2016 年 2 月份发布的报告显示，2016 财年沃尔玛年度营业收入 4821 亿美元，同比下降 0. 7%，低于上一财年 2. 7 个百分点。

美元持续走强影响海外市场和本土便利店战略失败是沃尔玛业绩下滑的主要原因。2016 年 1 月，沃尔玛在对全球 1. 16 万家门店的评估后，决定将关闭 269 家门店，包括美国的小型业态和没有达到盈利预期的其他业态门店，以集中资源更好地发展沃尔玛购物广场和山姆会员商店等主力业态。其中，将在美国关闭的 154 家门店中，有 102 家

① 日本经济产业省最新数据显示，2014 年日本零售销售额为 139. 5 万亿日元，同比下降 1. 2%

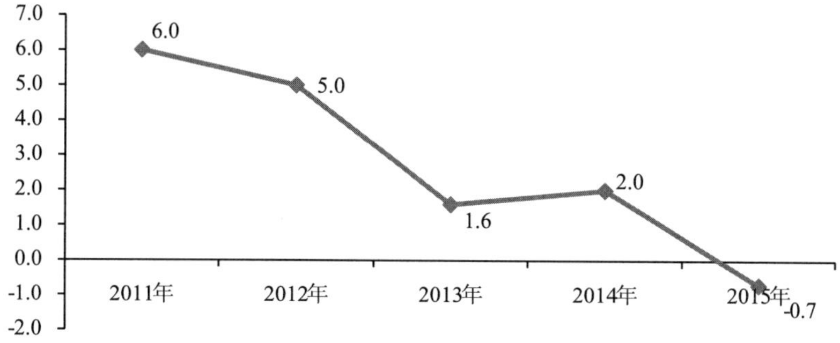

图 6-17：2011-2015 年沃尔玛营业收入同比增速（%）

数据来源：沃尔玛年报，2016 财年为 2015 年 2 月 1 日至 2016 年 1 月 31 日。

是沃尔玛快捷门店。这些门店大部分是在 2011 年左右开设的，基本都是开设在不足以建立大型沃尔玛超市的小城镇和不适合开设大型购物中心的大城市建筑中。在精简本土业务的同时，沃尔玛仍然注重拓展中国三、四线城市市场。2015 年，沃尔玛在中国新开门店 23 家，包括 22 家大卖场和 1 家山姆会员店。按照计划，沃尔玛在 2015 到 2017 年期间将在中国继续开出包括大卖场和山姆会员店在内的 115 家门店。此外，沃尔玛投资约 6 亿元建造的在华首个购物中心——珠海乐世界在 2016 年 5 月正式开业。

2015 年，沃尔玛大力发展的电商业务也显得较为平淡，线上零售额连续四季度增速放缓，增长速度由第一季度的 17%下降到第二季度的 16%，第三季度增速降至 10%，而第四季度沃尔玛的电商零售额仅增长了 8%。线上销售增长放缓的原因是英国与巴西市场表现疲弱，而在中国的线上销售业务则受到阿里、京东等电商巨头的强势竞争。

当然，尽管沃尔玛在 2015 年业绩并不理想，当公司发展到一定体量后，仍然想保持高速增长本身就很不容易。同时，从整体表现来看，沃尔玛业绩并没有太糟糕，且沃尔玛的成长期持续时间较长，随着其在连锁店升级和电商业务等方面的大量投入，未来依然可以期待较为平稳的增长势头。

（二）亚马逊增速放缓但扭亏为盈

已经成立 20 多年的电商亚马逊依然保持较快的增长速度，2015 年不仅实现了同比 20%的净销售额增长，净利润也达到近 6 亿美元，和 2014 年相比实现扭亏为盈。如果剔除汇率变动对亚马逊净销售造成的 52 亿美元的不利影响，亚马逊 2015 年净销售同比增幅将达到 26%。

2016 年一季度，亚马逊依然保持稳定的增长业绩，预计第一季度净销售额在 265 亿美元至 290 亿美元之间，比 2015 财年第一季度增长 17%到 28%。

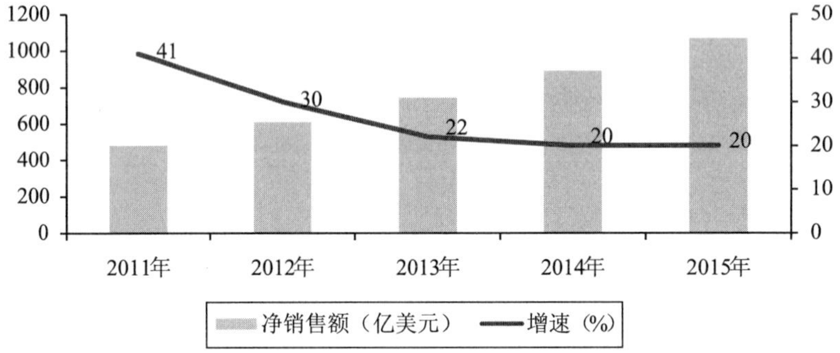

图 6-18：2011-2015 年亚马逊净销售额及增速情况

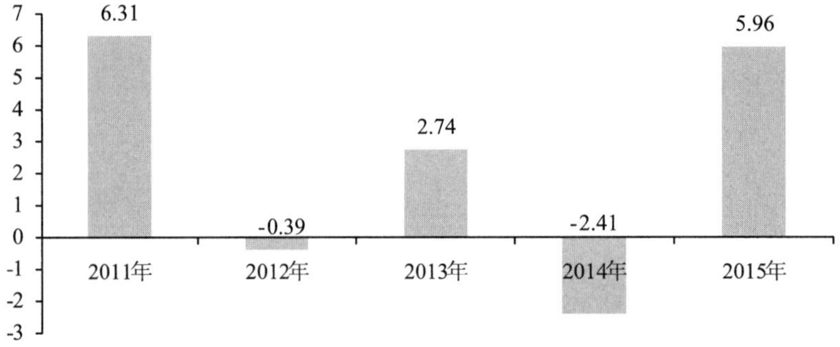

图 6-19：2011-2015 年亚马逊净利润（亿美元）

20%的增长速度以及成功实现扭亏为盈使得亚马逊在 2015 年得到资本市场的认可。其股价从年初的 308. 52 美元，市值 1438 亿美元上升至年末的 662. 79 美元，市值 3089 亿美元，市值增长 1600 多亿美元。并于 2015 年 7 月 24 日超越了沃尔玛，成为全球市值最高的零售商。

在经历了互联网泡沫、金融危机以及经济放缓等多次不利宏观事件后，亚马逊依然能以“不注重盈利”的发展目标得到市场的肯定，其主要原因有两点：一是注重对物流领域的投入，以此提高公司效率，提升用户体验，并夯实电商生态体系的基础；二是注重技术投入，2014年亚马逊在技术领域的投入达到92.8亿美金，占其营收比重超过10%，无论是总额还是比重均超过我国大部分电商巨头。正是这种以未来布局为发展重点的战略思路，使得亚马逊不断推出Kindle电子书、平板电脑、AWS等商品和服务，让消费者永远对其具有新鲜感，以此保证公司的稳定增长和市场地位。

（三）快时尚品牌出现业绩下滑

自2015年下半年开始，如优衣库、H&M等知名的快时尚品牌业绩并没持续之前的辉煌。营业额增长放缓较为明显的是优衣库，其母公司迅销集团公布的2016财年上半年业绩报告显示，在截至2016年2月29日的前6个月内，迅销集团销售总额同比上涨6.5%，但营业利润却大幅下降33.8%，净利润更是大跌了55.1%，这是该集团5年来半年度净利润首次出现下滑。其中，优衣库在日本本土与国际市场情况均不理想，是迅销集团业绩大幅下滑的主要原因。

瑞典快时尚品牌H&M发布的财报显示，2016财年第一季度（2015年12月1日至2016年2月29日），包括增值税在内的销售额同比增长9%，去除增值税后，销售额上涨8.5%，而公司净利润比去年同期则大幅下跌30%。

美国快时尚品牌GAP则在2015年第四季财报公布，该季度净利润较2014年同期下跌33%，净销售额下跌6.3%，同店销售额下跌6%。同时，在过去的近两年中，GAP经营1年以上的门店及线上营业额同比一直在下滑，市场日趋萎缩。

西班牙快时尚品牌ZARA的母公司inditex集团市场情况则相对较好，在截至2016年1月31日的2015财年，集团销售额同比增长15.4%，净利润则上涨14.9%。

四、国外零售业发展对我国的启示

（一）经济放缓的背景下企业应精简业务

尽管部分发达国家经济缓慢复苏，但全球经济整体依然放缓，持续疲软的经济现状自然会影响到消费，从而抑制零售企业的业绩增长。

从沃尔玛、快时尚等零售企业、品牌 2015 年的市场发展情况来看，业态扩张、门店扩张的战略在经济不景气的情况下，并没实现预期的效果，而将主要精力投入到客流较大、消费水平提升较快地区，将是未来零售企业挖掘市场潜力的主要渠道。特别是对于体量较大的零售巨头，在未来几年中，精简业务、强化自身核心优势、进一步巩固其在市场中的地位，将比市场、业务的横纵向拓展更为重要。

（二）加快产品革新速度，为消费者提供更多新体验

消费者对市场越来越挑剔，对商品的功能、质量、时尚度、科技感、颜值等都有一定程度的要求。作为零售商，如果只是停留在现有的市场份额和靓丽的财务报表上，将会对未来失去判断。正如优衣库对最近半个财年利润下降所作出的回应“今年上半年综合收入上升，但经营利润下降，主要是受去年年底北半球冬季天气异常温暖的影响，优衣库的冬季服装销量减少，以及日元升值导致出现汇兑损失所致”，对暖冬考虑不足以及生产周期跟不上市场节奏是该品牌遭遇业绩大幅下滑的重要原因之一。反观 ZARA、亚马逊，通过减少广告开支，缩短商品生产周期，加大技术投入，洞察市场变化使其品牌潜力得到进一步提升。

（三）慎打价格战，维持良好的品牌形象

通过“无底线打折”的促销方式，不仅让品牌的营业利润进一步降低，同时还在消费者心中打上“随时随地打折”的烙印。特别是服装品牌，本来是追求时尚和品位的商品，最后沦落为大卖场的形象，极大地降低了品牌的影响力。2015 年，快时尚品牌在坚持性价比优势的同时，还通过联名设计师等方式，满足消费者用快时尚的价格穿上知名设计师的设计这个愿望。比如优衣库与爱马仕前设计师 Christophe Lemaire 合作，推出 Uniqlo x Lemaire 系列，HM 和 Balmain 创意总监 Olivier Rousteing 合作，推出的 H&M x BALMAIN 系列，这些新推出的系列服装不仅在市场上取得了显著的销量，更提升了品牌在消费者心中的档次和品质形象。

第七部分　相关政策法规

工商总局关于印发 2016 网络市场监管专项行动方案的通知

【发布单位】国家工商行政管理总局

【发文字号】工商办字〔2016〕87 号

【发布日期】2016 年 5 月 4 日

各省、自治区、直辖市工商行政管理局、市场监督管理部门：

为贯彻落实好党中央、国务院领导同志一系列重要批示精神，不断依法依职责加强网络市场监管，集中整治市场乱象，切实维护网络市场秩序和消费者合法权益，促进网络市场健康有序发展，工商总局决定今年 5-11 月全系统深入开展 2016 网络市场监管专项行动。现将《2016 网络市场监管专项行动方案》印发给你们，请认真贯彻执行。

《2016 网络市场监管专项行动方案》

为坚决贯彻落实党中央、国务院领导同志一系列重要批示精神，不断依法依职责加强网络市场监管，切实维护网络市场秩序和消费者合法权益，促进网络市场健康有序发展，在巩固已有工作成果的基础上，今年 5-11 月，全国工商、市场监管部门深入开展 2016 网络市场监管专项行动，要始终坚持问题导向，保持高压态势，重拳整治市场乱象，着力营造公平竞争的网络市场环境和安全放心的网络消费环境。专项行动方案如下：

一、总体目标

坚持依法管网、以网管网、信用管网和协同管网，创新监管手段，提升执法能力，以网络交易平台和网络商标侵权、销售假冒伪劣商品、虚假宣传、刷单炒信等突出违法问题为整治重点，查办一批大案要案，公布一批典型案例，特别是对屡查屡犯的违法经营者，依法实施更严格的市场监管、更严厉的行政处罚、更有效的失信惩戒，震慑违法经营者，构建社会共治格局。经过大力整治，网络经营者违法失信成本增加，责任意识得到强化，网络市场秩序突出问题受到遏制，网络商品质量水平明显提升，网络交易信用环境显著改善，网络消费信心不断增强，网络创业创新热情进一步激发。

二、工作进度安排和具体任务措施

专项行动分为三个阶段组织实施：5 月上中旬为动员部署阶段，各地工商、市场监管部门制定工作方案，部署整治工作任务，组织媒体加大宣传，营造良好舆论氛围；5 月下旬-11 月中旬为集中整治阶段，根据具体任务措施，针对重点问题进行专项治理；11 月份为督查评估阶段，督查整治工作，巩固整治成果，总结经验做法，分析问题不足。具体任务措施为：

（一）针对重点商品领域，强化监测监管。在专项行动期间，各地工商、市场监管部门要结合对消费者、经营者和媒体反映问题集中商品的梳理，加强对儿童老年用品、电器电子产品、装饰装修材料、汽车配件、服装鞋帽、化肥，以及根据各地实际增加的其他类别商品实施重点监管。突出对节假日等网络集中促销节点、主要网络交易平台及平台上差评多的网店、农村电商、跨境电商、在线旅游市场、社会反映强烈的违法行为等的监督检查和定向监测，及时发现违法线索，强化后续落地查处，坚决打击网络市场中出现的各种违法侵权行为。(5-11 月)

（二）落实网店实名制，规范网络经营主体。为有效识别网络市场主体真实身份，各地工商、市场监管部门要在鼓励支持网络经营者进行工商注册登记的同时，对严格落实“网站自行亮照”“平台为网店亮照”“平台为网店亮标（核发并加贴证明个人身份信息真实合法的标记）”要求情况进行一次专门检查。对违反相关规定的，坚决依法查处。区别伪造企业名称、冒用其他企业名称等不同情况，开展非法主体网站整治。工商总局将组织一次专项搜索，集中整治一批非法主体网站。(6-11 月)

（三）加强网络交易商品质量监管。各地工商、市场监管部门要按照《关于认真做好2016年流通领域商品质量抽查检验工作的通知》的安排，组织开展网络交易商品质量抽检，严厉打击网络销售不合格商品违法行为。（5-11月）针对十大网络交易平台开展专项抽检，根据抽检发现的问题，有针对性地开展行政约谈，督促和指导其加强对网店的管理，健全完善商品质量管控制度和措施，落实商品质量管理责任，积极协助工商、市场监管部门监管执法。（5-7月）

（四）打击网络商标侵权等违法行为。各地工商、市场监管部门要加大对网络上销售仿冒高知名度商标、涉外商标商品的查处力度，维护权利人和消费者的合法权益。依法查处网络上滥用、冒用、伪造涉农产品地理标志证明商标的行为。对将“驰名商标”字样用于网络销售商品、商品包装或者容器上，或者用于广告宣传的，要依法责令改正并处以罚款。对大规模、跨区域、商标权利人和消费者投诉集中的涉网商标侵权假冒典型案件，要强化生产、销售、注册商标标识制造等工作环节的全链条打击。（5-11月）

（五）治理互联网虚假违法广告。各地工商、市场监管部门要严格执行新《广告法》的规定，认真加强对监管执法热点难点问题的研究，对互联网广告市场持续严管严控。进一步加强监测监管，严厉查处虚假违法互联网广告。充分发挥整治虚假违法广告部际联席会议作用，加强部门间的协调沟通、信息共享和执法协作，开展互联网金融广告专项整治。（5-11月）

（六）强化竞争执法，维护公平竞争秩序。各地工商、市场监管部门要依法打击网上虚假宣传、销售仿冒知名商品特有的名称、包装、装潢的商品、不正当有奖销售等违法行为。加强互联网领域反垄断执法，重点查处达成垄断协议和滥用市场支配地位违法行为，整治滥用知识产权排除、限制竞争行为。严厉查处利用互联网从事传销活动、利用互联网散布传销信息、为传销提供互联网信息服务案件。完善网络案件指定管辖、大要案件挂牌督办等制度机制，优化跨地域监管执法指挥协调和执法联动机制，切实做好电子证据留存及相关技术保障工作。（5-11月）

（七）集中整治网络交易平台问题。各地工商、市场监管部门要督促平台经营者就履行以下法定义务和责任进行自查自纠：一是对平台内经营者的经营资格审查、登记、公示；二是与平台内经营者订立协议，明确在平台进入和退出、商品和服务质量安全保障、消费者权益保护等方面的权利、义务和责任；三是制定实施管理制度及平台运行维护；四是检查监控平台内经营者和交易信息；五是依法承担首问责任，保护消费者权益，进行调解或协助维权；六是区分标注自营业务和平台业务；七是协助查处违法经营行为，提供有关信息数据资料；八是平台已建立赔偿先付制度的，要进行公示并严格执行；九是平台不得利用格式条款侵害消费者合法权益，对平台成交量、成交额进行虚假宣传，协助平台内经营者虚构交易、成交量或者虚假用户评价，以及限制、排斥平台内经营者参加其他平台组织的促销活动等。平台所在地工商、市场监管部门发现平台不履行管理责任、继续从事违法行为的，一律依法严惩。（6–11 月）各地工商、市场监管部门要以当地主要网络交易平台（含全国性主要网络交易平台在当地的分支机构）落实平台管理责任为重点，集中开展一次专项检查评估和问题整改约谈，并形成对平台的专项检查评估及问题整改情况报告。（7–11 月）

（八）畅通网络维权渠道，打击侵犯消费者权益行为。各地工商、市场监管部门要完善网上交易在线投诉和售后维权机制，进一步畅通消费者诉求渠道。积极推动网络交易平台经营者设立“消费维权服务站”，督促其履行消费维权的社会责任，及时受理和处理消费者投诉。梳理消费投诉举报，打通条线、地区间“诉转案”通道，扩大网络案件的案源。加大对侵犯网购消费者七日无理由退货权利，故意拖延或者无理拒绝行为的打击力度。严厉查处泄露消费者个人信息等侵权行为。积极发挥消协组织的作用，就损害网络消费者合法权益的典型案例，支持受损害的消费者提起诉讼，并采取约谈经营者、发布消费预警等措施，推动网络消费维权关口前移。由中消协组织收集、研究网络交易平台的交易规则等协议，点评不公平格式条款，就平台通过不公平格式条款侵害众多消费者合法权益问题，督促企业整改，必要时提起公益诉讼。（5–11 月）

（九）强化信用监管，实施网络违法失信惩戒。各地工商、市场监管部门要将网络经营者的行政处罚信息记入信用档案，通过企业信用信息公示系统等及时向社会公布，并纳入当地信用信息共享平台，与全国信用信息共享平台对接。重点加强对网络经营者通过年度报告公示其开设网站以及从事网络经营的网店名称、网址等信息的督促检查，对隐瞒真实情况、弄虚作假的，列入异常名录或标记为经营异常状态。对依据《企业信息公示暂行条例》《严重违法失信企业名单管理暂行办法》应列入严重违法失信企业名单管理的网络经营企业，一律列入“黑名单”实施约束管理。（5-11 月）

三、相关工作要求

（一）精心组织安排，强化工作保障。各地工商、市场监管部门要从讲政治、讲大局、践行五个发展理念的高度，深刻认识开展专项行动的重要意义。要根据当地实际，研究制定针对性、操作性强的工作方案，突出地方重点特点，细化任务要求，确保工作落实，特别是要加大监管、执法、检测、监测等工作经费投入，加强监管执法力量，建立健全网监机构。

（二）完善内部工作机制，强化责任落实。网络市场监管是全口径的市场监管，各业务条线都要守土负责，主动作为，部署工作要同时涵盖网上和网下。工商总局已经建立网络市场监管工作领导小组，推动各业务条线的线上线下一体化监管。各地工商、市场监管部门要参照建立健全相应的统筹协调机制，提升系统内网络市场线上线下一体化监管效能。

（三）加强外部协调配合，形成监管合力。按照国务院办公厅、中央网信办的要求，工商总局正在积极推动建立网络市场监管部际联席会议制度。各地工商、市场监管部门要推动建立各级政府层面的网络市场监管工作协调机制，完善部门间执法联动和失信行为联合惩戒机制，推进案件线索和信息互通共享，强化违法问题网上发现、源头追溯、依法查处，线上线下治理相结合，切实落实上下游相关企业责任。

各地工商、市场监管部门要畅通与公安等部门的刑事司法衔接，加大刑事打击力度；健全与通信主管部门的网络交易监管协作机制，按相关规定提请其依法关闭违法违规网站；及时向质检部门通报网络交易商品质量抽检、定向监测信息，支持其净化生产源头；支持配合食品药品监管部门做好互联网食品、药品、医疗器械、保健食品广告等监管；支持配合网信部门做好网络安全管理相关统筹协调工作；将专项行动中发现的涉嫌价格违法行为线索及时通报价格管理部门，并支持其做好互联网领域反价格垄断执法工作；依法履行工商、市场监管部门打击侵权假冒工作职责，支持商务部门做好网络市场经营者集中反垄断审查工作；支持配合海关、质检和邮政管理等部门，做好跨境电子商务相关监管工作，保护消费者合法权益和知识产权，打击违法侵权行为。

（四）改进宣传方式，注重教育引导。各地工商、市场监管部门要采用新闻报道或专题栏目合作等方式，主动向各类媒体推荐重点宣传题材，反映政策措施、整治成效。做好舆情监测分析，关注网络市场突发热点问题，及时依法处置，回应社会关切。发布典型案例，注重以案说法，引导理性消费，警示违法经营。

（五）加强督查督办，强化工作指导。各地工商、市场监管部门要根据整治任务、整治措施和整治要求，采取全面检查、重点抽查、随机专项督查等方式，逐级开展督导检查，既保证工作力度，又严格执法规范。对专项行动卓有成效的地方，要表扬鼓励；对工作开展不力的地方，要通报批评，督促整改。有条件的地方可试行第三方评价的方式，考察评价地方的专项行动工作成效。8-9 月，工商总局网监领导小组各成员单位将组成专项行动督查组，赴地方开展中期督查。

（六）加强信息报送，不断总结提高。各地工商、市场监管部门要建立健全信息报送制度，逐级及时报告专项行动进展情况、存在的问题及整治成果，做好信息汇总和统计分析。请各地工商、市场监管部门于 6 月底前报送专项行动阶段性进展情况，于 12 月 12 日前将专项行动总结报告、对平台的专项检查评估及问题整改情况报告、《2016 网络市场监管专项行动统计表》《关闭网站和停止平台服务网店名单》、5-15件违法典型案例（附处罚决定书）、网监执法检查相关现场图片及视频资料（含说明），通过工商总局网监平台或邮箱一同报送网络商品交易监管司。如遇重大情况，请及时报告当地党委政府和工商总局。

国务院关于大力发展电子商务加快培育经济新动力的意见

【发布单位】国务院

【发文字号】国发〔2015〕24号

【发布日期】2015年5月4日

各省、自治区、直辖市人民政府，国务院各部委、各直属机构：

近年来我国电子商务发展迅猛，不仅创造了新的消费需求，引发了新的投资热潮，开辟了就业增收新渠道，为大众创业、万众创新提供了新空间，而且电子商务正加速与制造业融合，推动服务业转型升级，催生新兴业态，成为提供公共产品、公共服务的新力量，成为经济发展新的原动力。与此同时，电子商务发展面临管理方式不适应、诚信体系不健全、市场秩序不规范等问题，亟需采取措施予以解决。当前，我国已进入全面建成小康社会的决定性阶段，为减少束缚电子商务发展的机制体制障碍，进一步发挥电子商务在培育经济新动力，打造“双引擎”、实现“双目标”等方面的重要作用，现提出以下意见：

一、指导思想、基本原则和主要目标

（一）指导思想。全面贯彻党的十八大和十八届二中、三中、四中全会精神，按照党中央、国务院决策部署，坚持依靠改革推动科学发展，主动适应和引领经济发展新常态，着力解决电子商务发展中的深层次矛盾和重大问题，大力推进政策创新、管理创新和服务创新，加快建立开放、规范、诚信、安全的电子商务发展环境，进一步激发电子商务创新动力、创造潜力、创业活力，加速推动经济结构战略性调整，实现经济提质增效升级。

（二）基本原则。一是积极推动。主动作为、支持发展。积极协调解决电子商务发展中的各种矛盾与问题。在政府资源开放、网络安全保障、投融资支持、基础设施和诚信体系建设等方面加大服务力度。推进电子商务企业税费合理化，减轻企业负担。进一步释放电子商务发展潜力，提升电子商务创新发展水平。二是逐步规范。简政放权、放管结合。法无禁止的市场主体即可为，法未授权的政府部门不能为，最大限度减少对电子商务市场的行政干预。在放宽市场准入的同时，要在发展中逐步规范市场秩序，营造公平竞争的创业发展环境，进一步激发社会创业活力，拓宽电子商务创新发展领域。三是加强引导。把握趋势、因势利导。加强对电子商务发展中前瞻性、苗头性、倾向性问题的研究，及时在商业模式创新、关键技术研发、国际市场开拓等方面加大对企业的支持引导力度，引领电子商务向打造“双引擎”、实现“双目标”发展，进一步增强企业的创新动力，加速电子商务创新发展步伐。

（三）主要目标。到 2020 年，统一开放、竞争有序、诚信守法、安全可靠的电子商务大市场基本建成。电子商务与其他产业深度融合，成为促进创业、稳定就业、改善民生服务的重要平台，对工业化、信息化、城镇化、农业现代化同步发展起到关键性作用。

二、营造宽松发展环境

（四）降低准入门槛。全面清理电子商务领域现有前置审批事项，无法律法规依据的一律取消，严禁违法设定行政许可、增加行政许可条件和程序。（国务院审改办，有关部门按职责分工分别负责）进一步简化注册资本登记，深入推进电子商务领域由“先证后照”改为“先照后证”改革。（工商总局、中央编办）落实《注册资本登记制度改革方案》，放宽电子商务市场主体住所（经营场所）登记条件，完善相关管理措施。（省级人民政府）推进对快递企业设立非法人快递末端网点实施备案制管理。（邮政局）简化境内电子商务企业海外上市审批流程，鼓励电子商务领域的跨境人民币直接投资。（发展改革委、商务部、外汇局、证监会、人民银行）放开外商投资电子商务业务的外方持股比例限制。（工业和信息化部、发展改革委、商务部）探索建立能源、铁路、公共事业等行业电子商务服务的市场化机制。（有关部门按职责分工分别负责）

（五）合理降税减负。从事电子商务活动的企业，经认定为高新技术企业的，依法享受高新技术企业相关优惠政策，小微企业依法享受税收优惠政策。（科技部、财政部、税务总局）加快推进“营改增”，逐步将旅游电子商务、生活服务类电子商务等相关行业纳入“营改增”范围。（财政部、税务总局）

（六）加大金融服务支持。建立健全适应电子商务发展的多元化、多渠道投融资机制。（有关部门按职责分工分别负责）研究鼓励符合条件的互联网企业在境内上市等相关政策。（证监会）支持商业银行、担保存货管理机构及电子商务企业开展无形资产、动产质押等多种形式的融资服务。鼓励商业银行、商业保理机构、电子商务企业开展供应链金融、商业保理服务，进一步拓展电子商务企业融资渠道。（人民银行、商务部）引导和推动创业投资基金，加大对电子商务初创企业的支持。（发展改革委）

（七）维护公平竞争。规范电子商务市场竞争行为，促进建立开放、公平、健康的电子商务市场竞争秩序。研究制定电子商务产品质量监督管理办法，探索建立风险监测、网上抽查、源头追溯、属地查处的电子商务产品质量监督机制，完善部门间、区域间监管信息共享和职能衔接机制。依法打击网络虚假宣传、生产销售假冒伪劣产品、违反国家出口管制法规政策跨境销售两用品和技术、不正当竞争等违法行为，组织开展电子商务产品质量提升行动，促进合法、诚信经营。（工商总局、质检总局、公安部、商务部按职责分工分别负责）重点查处达成垄断协议和滥用市场支配地位的问题，通过经营者集中反垄断审查，防止排除、限制市场竞争的行为。（发展改革委、工商总局、商务部）加强电子商务领域知识产权保护，研究进一步加大网络商业方法领域发明专利保护力度。（工业和信息化部、商务部、海关总署、工商总局、新闻出版广电总局、知识产权局等部门按职责分工分别负责）进一步加大政府利用电子商务平台进行采购的力度。（财政部）各级政府部门不得通过行政命令指定为电子商务提供公共服务的供应商，不得滥用行政权力排除、限制电子商务的竞争。（有关部门按职责分工分别负责）

三、促进就业创业

（八）鼓励电子商务领域就业创业。把发展电子商务促进就业纳入各地就业发展规划和电子商务发展整体规划。建立电子商务就业和社会保障指标统计制度。经工商登记注册的网络商户从业人员，同等享受各项就业创业扶持政策。未进行工商登记注册的网络商户从业人员，可认定为灵活就业人员，享受灵活就业人员扶持政策，其中在网络平台实名注册、稳定经营且信誉良好的网络商户创业者，可按规定享受小额担保贷款及贴息政策。支持中小微企业应用电子商务、拓展业务领域，鼓励有条件的地区建设电子商务创业园区，指导各类创业孵化基地为电子商务创业人员提供场地支持和创业孵化服务。加强电子商务企业用工服务，完善电子商务人才供求信息对接机制。（人力资源社会保障部、工业和信息化部、商务部、统计局，地方各级人民政府）

（九）加强人才培养培训。支持学校、企业及社会组织合作办学，探索实训式电子商务人才培养与培训机制。推进国家电子商务专业技术人才知识更新工程，指导各类培训机构增加电子商务技能培训项目，支持电子商务企业开展岗前培训、技能提升培训和高技能人才培训，加快培养电子商务领域的高素质专门人才和技术技能人才。参加职业培训和职业技能鉴定的人员，以及组织职工培训的电子商务企业，可按规定享受职业培训补贴和职业技能鉴定补贴政策。鼓励有条件的职业院校、社会培训机构和电子商务企业开展网络创业培训。（人力资源社会保障部、商务部、教育部、财政部）

（十）保障从业人员劳动权益。规范电子商务企业特别是网络商户劳动用工，经工商登记注册取得营业执照的，应与招用的劳动者依法签订劳动合同；未进行工商登记注册的，也可参照劳动合同法相关规定与劳动者签订民事协议，明确双方的权利、责任和义务。按规定将网络从业人员纳入各项社会保险，对未进行工商登记注册的网络商户，其从业人员可按灵活就业人员参保缴费办法参加社会保险。符合条件的就业困难人员和高校毕业生，可享受灵活就业人员社会保险补贴政策。长期雇用 5 人及以上的网络商户，可在工商注册地进行社会保险登记，参加企业职工的各项社会保险。满足统筹地区社会保险优惠政策条件的网络商户，可享受社会保险优惠政策。（人力资源社会保

障部）

四、推动转型升级

（十一）创新服务民生方式。积极拓展信息消费新渠道，创新移动电子商务应用，支持面向城乡居民社区提供日常消费、家政服务、远程缴费、健康医疗等商业和综合服务的电子商务平台发展。加快推动传统媒体与新兴媒体深度融合，提升文化企业网络服务能力，支持文化产品电子商务平台发展，规范网络文化市场。支持教育、会展、咨询、广告、餐饮、娱乐等服务企业深化电子商务应用。（有关部门按职责分工分别负责）鼓励支持旅游景点、酒店等开展线上营销，规范发展在线旅游预订市场，推动旅游在线服务模式创新。（旅游局、工商总局）加快建立全国12315互联网平台，完善网上交易在线投诉及售后维权机制，研究制定7天无理由退货实施细则，促进网络购物消费健康快速发展。（工商总局）

（十二）推动传统商贸流通企业发展电子商务。鼓励有条件的大型零售企业开办网上商城，积极利用移动互联网、地理位置服务、大数据等信息技术提升流通效率和服务质量。支持中小零售企业与电子商务平台优势互补，加强服务资源整合，促进线上交易与线下交易融合互动。（商务部）推动各类专业市场建设网上市场，通过线上线下融合，加速向网络化市场转型，研究完善能源、化工、钢铁、林业等行业电子商务平台规范发展的相关措施。（有关部门按职责分工分别负责）制定完善互联网食品药品经营监督管理办法，规范食品、保健食品、药品、化妆品、医疗器械网络经营行为，加强互联网食品药品市场监测监管体系建设，推动医药电子商务发展。（食品药品监管总局、卫生计生委、商务部）

（十三）积极发展农村电子商务。加强互联网与农业农村融合发展，引入产业链、价值链、供应链等现代管理理念和方式，研究制定促进农村电子商务发展的意见，出台支持政策措施。（商务部、农业部）加强鲜活农产品标准体系、动植物检疫体系、安全追溯体系、质量保障与安全监管体系建设，大力发展农产品冷链基础设施。（质检总局、发展改革委、商务部、农业部、食品药品监管总局）开展电子商务进农村综合示范，推动信息进村入户，利用“万村千乡”市场网络改善农村地区电子商务服务环境。（商务部、农业部）建设地理标志产品技术标准体系和产品质量保证体系，支持利用电子商务平台宣传和销售地理标志产品，鼓励电子商务平台服务“一村一品”，促进品牌农产品走出去。鼓励农业生产资料企业发展电子商务。（农业部、质检总局、工商总局）支持林业电子商务发展，逐步建立林产品交易诚信体系、林产品和林权交易服务体系。（林业局）

（十四）创新工业生产组织方式。支持生产制造企业深化物联网、云计算、大数据、三维（3D）设计及打印等信息技术在生产制造各环节的应用，建立与客户电子商务系统对接的网络制造管理系统，提高加工订单的响应速度及柔性制造能力；面向网络消费者个性化需求，建立网络化经营管理模式，发展“以销定产”及“个性化定制”生产方式。（工业和信息化部、科技部、商务部）鼓励电子商务企业大力开展品牌经营，优化配置研发、设计、生产、物流等优势资源，满足网络消费者需求。（商务部、工商总局、质检总局）鼓励创意服务，探索建立生产性创新服务平台，面向初创企业及创意群体提供设计、测试、生产、融资、运营等创新创业服务。（工业和信息化部、科技部）

（十五）推广金融服务新工具。建设完善移动金融安全可信公共服务平台，制定相关应用服务的政策措施，推动金融机构、电信运营商、银行卡清算机构、支付机构、电子商务企业等加强合作，实现移动金融在电子商务领域的规模化应用；推广应用具有硬件数字证书、采用国家密码行政主管部门规定算法的移动智能终端，保障移动电子商务交易的安全性和真实性；制定在线支付标准规范和制度，提升电子商务在线支付的安全性，满足电子商务交易及公共服务领域金融服务需求；鼓励商业银行与电子商务企业开展多元化金融服务合作，提升电子商务服务质量和效率。（人民银行、密码局、国家标准委）

（十六）规范网络化金融服务新产品。鼓励证券、保险、公募基金等企业和机构依法进行网络化创新，完善互联网保险产品审核和信息披露制度，探索建立适应互联网证券、保险、公募基金产品销售等互联网金融活动的新型监管方式。（人民银行、证监会、保监会）规范保险业电子商务平台建设，研究制定电子商务涉及的信用保证保险的相关扶持政策，鼓励发展小微企业信贷信用保险、个人消费履约保证保险等新业务，扩大信用保险保单融资范围。完善在线旅游服务企业投保办法。（保监会、银监会、旅游局按职责分工分别负责）

五、完善物流基础设施

（十七）支持物流配送终端及智慧物流平台建设。推动跨地区跨行业的智慧物流信息平台建设，鼓励在法律规定范围内发展共同配送等物流配送组织新模式。（交通运输部、商务部、邮政局、发展改革委）支持物流（快递）配送站、智能快件箱等物流设施建设，鼓励社区物业、村级信息服务站（点）、便利店等提供快件派送服务。支持快递服务网络向农村地区延伸。（地方各级人民政府，商务部、邮政局、农业部按职责分工分别负责）推进电子商务与物流快递协同发展。（财政部、商务部、邮政局）鼓励学校、快递企业、第三方主体因地制宜加强合作，通过设置智能快件箱或快件收发室、委托校园邮政局所代为投递、建立共同配送站点等方式，促进快递进校园。（地方各级人民政府，邮政局、商务部、教育部）根据执法需求，研究推动被监管人员生活物资电子商务和智能配送。（司法部）有条件的城市应将配套建设物流（快递）配送站、智能终端设施纳入城市社区发展规划，鼓励电子商务企业和物流（快递）企业对网络购物商品包装物进行回收和循环利用。（有关部门按职责分工分别负责）

（十八）规范物流配送车辆管理。各地区要按照有关规定，推动城市配送车辆的标准化、专业化发展；制定并实施城市配送用汽车、电动三轮车等车辆管理办法，强化城市配送运力需求管理，保障配送车辆的便利通行；鼓励采用清洁能源车辆开展物流（快递）配送业务，支持充电、加气等设施建设；合理规划物流（快递）配送车辆通行路线和货物装卸搬运地点。对物流（快递）配送车辆采取通行证管理的城市，应明确管理部门、公开准入条件、引入社会监督。（地方各级人民政府）

（十九）合理布局物流仓储设施。完善仓储建设标准体系，鼓励现代化仓储设施建设，加强偏远地区仓储设施建设。（住房城乡建设部、公安部、发展改革委、商务部、林业局）各地区要在城乡规划中合理规划布局物流仓储用地，在土地利用总体规划和年度供地计划中合理安排仓储建设用地，引导社会资本进行仓储设施投资建设或再利用，严禁擅自改变物流仓储用地性质。（地方各级人民政府）鼓励物流（快递）企业发展“仓配一体化”服务。（商务部、邮政局）

六、提升对外开放水平

（二十）加强电子商务国际合作。积极发起或参与多双边或区域关于电子商务规则的谈判和交流合作，研究建立我国与国际认可组织的互认机制，依托我国认证认可制度和体系，完善电子商务企业和商品的合格评定机制，提升国际组织和机构对我国电子商务企业和商品认证结果的认可程度，力争国际电子商务规制制定的主动权和跨境电子商务发展的话语权。（商务部、质检总局）

（二十一）提升跨境电子商务通关效率。积极推进跨境电子商务通关、检验检疫、结汇、缴进口税等关键环节“单一窗口”综合服务体系建设，简化与完善跨境电子商务货物返修与退运通关流程，提高通关效率。（海关总署、财政部、税务总局、质检总局、外汇局）探索建立跨境电子商务货物负面清单、风险监测制度，完善跨境电子商务货物通关与检验检疫监管模式，建立跨境电子商务及相关物流企业诚信分类管理制度，防止疫病疫情传入、外来有害生物入侵和物种资源流失。（海关总署、质检总局按职责分工分别负责）大力支持中国（杭州）跨境电子商务综合试验区先行先试，尽快形成可复制、可推广的经验，加快在全国范围推广。（商务部、发展改革委）

（二十二）推动电子商务走出去。抓紧研究制定促进跨境电子商务发展的指导意见。（商务部、发展改革委、海关总署、工业和信息化部、财政部、人民银行、税务总局、工商总局、质检总局、外汇局）鼓励国家政策性银行在业务范围内加大对电子商务企业境外投资并购的贷款支持，研究制定针对电子商务企业境外上市的规范管理政策。（人民银行、证监会、商务部、发展改革委、工业和信息化部）简化电子商务企业境外直接投资外汇登记手续，拓宽其境外直接投资外汇登记及变更登记业务办理渠道。（外汇局）支持电子商务企业建立海外营销渠道，创立自有品牌。各驻外机构应加大对电子商务企业走出去的服务力度。进一步开放面向港澳台地区的电子商务市场，推动设立海峡两岸电子商务经济合作实验区。鼓励发展面向“一带一路”沿线国家的电子商务合作，扩大跨境电子商务综合试点，建立政府、企业、专家等各个层面的对话机制，发起和主导电子商务多边合作。（有关部门按职责分工分别负责）

七、构筑安全保障防线

（二十三）保障电子商务网络安全。电子商务企业要按照国家信息安全等级保护管理规范和技术标准相关要求，采用安全可控的信息设备和网络安全产品，建设完善网络安全防护体系、数据资源安全管理体系和网络安全应急处置体系，鼓励电子商务企业获得信息安全管理体系认证，提高自身信息安全管理水平。鼓励电子商务企业加强与网络安全专业服务机构、相关管理部门的合作，共享网络安全威胁预警信息，消除网络安全隐患，共同防范网络攻击破坏、窃取公民个人信息等违法犯罪活动。（公安部、国家认监委、工业和信息化部、密码局）

（二十四）确保电子商务交易安全。研究制定电子商务交易安全管理制度，明确电子商务交易各方的安全责任和义务。（工商总局、工业和信息化部、公安部）建立电子认证信任体系，促进电子认证机构数字证书交叉互认和数字证书应用的互联互通，推广数字证书在电子商务交易领域的应用。建立电子合同等电子交易凭证的规范管理机制，确保网络交易各方的合法权益。加强电子商务交易各方信息保护，保障电子商务消费者个人信息安全。（工业和信息化部、工商总局、密码局等有关部门按职责分工分别负责）

（二十五）预防和打击电子商务领域违法犯罪。电子商务企业要切实履行违禁品信息巡查清理、交易记录及日志留存、违法犯罪线索报告等责任和义务，加强对销售管制商品网络商户的资格审查和对异常交易、非法交易的监控，防范电子商务在线支付给违法犯罪活动提供洗钱等便利，并为打击网络违法犯罪提供技术支持。加强电子商务企业与相关管理部门的协作配合，建立跨机构合作机制，加大对制售假冒伪劣商品、网络盗窃、网络诈骗、网上非法交易等违法犯罪活动的打击力度。（公安部、工商总局、人民银行、银监会、工业和信息化部、商务部等有关部门按职责分工分别负责）

八、健全支撑体系

（二十六）健全法规标准体系。加快推进电子商务法立法进程，研究制定或适时修订相关法规，明确电子票据、电子合同、电子检验检疫报告和证书、各类电子交易凭证等的法律效力，作为处理相关业务的合法凭证。（有关部门按职责分工分别负责）制定适合电子商务特点的投诉管理制度，制定基于统一产品编码的电子商务交易产品质量信息发布规范，建立电子商务纠纷解决和产品质量担保责任机制。（工商总局、质检总局等部门按职责分工分别负责）逐步推行电子发票和电子会计档案，完善相关技术标准和规章制度。（税务总局、财政部、档案局、国家标准委）建立完善电子商务统计制度，扩大电子商务统计的覆盖面，增强统计的及时性、真实性。（统计局、商务部）统一线上线下的商品编码标识，完善电子商务标准规范体系，研究电子商务基础性关键标准，积极主导和参与制定电子商务国际标准。（国家标准委、商务部）

（二十七）加强信用体系建设。建立健全电子商务信用信息管理制度，推动电子商务企业信用信息公开。推进人口、法人、商标和产品质量等信息资源向电子商务企业和信用服务机构开放，逐步降低查询及利用成本。（工商总局、商务部、公安部、质检总局等部门按职责分工分别负责）促进电子商务信用信息与社会其他领域相关信息的交换共享，推动电子商务信用评价，建立健全电子商务领域失信行为联合惩戒机制。（发展改革委、人民银行、工商总局、质检总局、商务部）推动电子商务领域应用网络身份证，完善网店实名制，鼓励发展社会化的电子商务网站可信认证服务。（公安部、工商总局、质检总局）发展电子商务可信交易保障公共服务，完善电子商务信用服务保障制度，推动信用调查、信用评估、信用担保等第三方信用服务和产品在电子商务中的推广应用。（工商总局、质检总局）

（二十八）强化科技与教育支撑。开展电子商务基础理论、发展规律研究。加强电子商务领域云计算、大数据、物联网、智能交易等核心关键技术研究开发。实施网络定制服务、网络平台服务、网络交易服务、网络贸易服务、网络交易保障服务技术研发与应用示范工程。强化产学研结合的企业技术中心、工程技术中心、重点实验室建设。鼓励企业组建产学研协同创新联盟。探索建立电子商务学科体系，引导高等院校加强电子商务学科建设和人才培养，为电子商务发展提供更多的高层次复合型专门人才。（科技部、教育部、发展改革委、商务部）建立预防网络诈骗、保障交易安全、保护个人信息等相关知识的宣传与服务机制。（公安部、工商总局、质检总局）

（二十九）协调推动区域电子商务发展。各地区要把电子商务列入经济与社会发展规划，按照国家有关区域发展规划和对外经贸合作战略，立足城市产业发展特点和优势，引导各类电子商务业态和功能聚集，推动电子商务产业统筹协调、错位发展。推动国家电子商务示范城市、示范基地建设。（有关地方人民政府）依托国家电子商务示范城市，加快开展电子商务法规政策创新和试点示范工作，为国家制定电子商务相关法规和政策提供实践依据。加强对中西部和东北地区电子商务示范城市的支持与指导。（发展改革委、财政部、商务部、人民银行、海关总署、税务总局、工商总局、质检总局等部门按照职责分工分别负责）

各地区、各部门要认真落实本意见提出的各项任务，于2015年底前研究出台具体政策。发展改革委、中央网信办、商务部、工业和信息化部、财政部、人力资源社会保障部、人民银行、海关总署、税务总局、工商总局、质检总局等部门要完善电子商务跨部门协调工作机制，研究重大问题，加强指导和服务。有关社会机构要充分发挥自身监督作用，推动行业自律和服务创新。相关部门、社团组织及企业要解放思想，转变观念，密切协作，开拓创新，共同推动建立规范有序、社会共治、辐射全球的电子商务大市场，促进经济平稳健康发展。

国务院关于积极推进“互联网+”行动的指导意见

【发布单位】国务院

【发文字号】国发〔2015〕40号

【发布日期】2015年7月1日

各省、自治区、直辖市人民政府，国务院各部委、各直属机构：

“互联网+”是把互联网的创新成果与经济社会各领域深度融合，推动技术进步、效率提升和组织变革，提升实体经济创新力和生产力，形成更广泛的以互联网为基础设施和创新要素的经济社会发展新形态。在全球新一轮科技革命和产业变革中，互联网与各领域的融合发展具有广阔前景和无限潜力，已成为不可阻挡的时代潮流，正对各国经济社会发展产生着战略性和全局性的影响。积极发挥我国互联网已经形成的比较优势，把握机遇，增强信心，加快推进“互联网+”发展，有利于重塑创新体系、激发创新活力、培育新兴业态和创新公共服务模式，对打造大众创业、万众创新和增加公共产品、公共服务“双引擎”，主动适应和引领经济发展新常态，形成经济发展新动能，实现中国经济提质增效升级具有重要意义。

近年来，我国在互联网技术、产业、应用以及跨界融合等方面取得了积极进展，已具备加快推进“互联网+”发展的坚实基础，但也存在传统企业运用互联网的意识和能力不足、互联网企业对传统产业理解不够深入、新业态发展面临体制机制障碍、跨界融合型人才严重匮乏等问题，亟待加以解决。为加快推动互联网与各领域深入融合和创新发展，充分发挥“互联网+”对稳增长、促改革、调结构、惠民生、防风险的重要作用，现就积极推进“互联网+”行动提出以下意见。

一、行动要求

（一）总体思路。

顺应世界“互联网+”发展趋势，充分发挥我国互联网的规模优势和应用优势，推动互联网由消费领域向生产领域拓展，加速提升产业发展水平，增强各行业创新能力，构筑经济社会发展新优势和新动能。坚持改革创新和市场需求导向，突出企业的主体作用，大力拓展互联网与经济社会各领域融合的广度和深度。着力深化体制机制改革，释放发展潜力和活力；着力做优存量，推动经济提质增效和转型升级；着力做大增量，培育新兴业态，打造新的增长点；着力创新政府服务模式，夯实网络发展基础，营造安全网络环境，提升公共服务水平。

（二）基本原则。

坚持开放共享。营造开放包容的发展环境，将互联网作为生产生活要素共享的重要平台，最大限度优化资源配置，加快形成以开放、共享为特征的经济社会运行新模式。

坚持融合创新。鼓励传统产业树立互联网思维，积极与“互联网+”相结合。推动互联网向经济社会各领域加速渗透，以融合促创新，最大程度汇聚各类市场要素的创新力量，推动融合性新兴产业成为经济发展新动力和新支柱。

坚持变革转型。充分发挥互联网在促进产业升级以及信息化和工业化深度融合中的平台作用，引导要素资源向实体经济集聚，推动生产方式和发展模式变革。创新网络化公共服务模式，大幅提升公共服务能力。

坚持引领跨越。巩固提升我国互联网发展优势，加强重点领域前瞻性布局，以互联网融合创新为突破口，培育壮大新兴产业，引领新一轮科技革命和产业变革，实现跨越式发展。

坚持安全有序。完善互联网融合标准规范和法律法规，增强安全意识，强化安全管理和防护，保障网络安全。建立科学有效的市场监管方式，促进市场有序发展，保护公平竞争，防止形成行业垄断和市场壁垒。

（三）发展目标。

到 2018 年，互联网与经济社会各领域的融合发展进一步深化，基于互联网的新业态成为新的经济增长动力，互联网支撑大众创业、万众创新的作用进一步增强，互联网成为提供公共服务的重要手段，网络经济与实体经济协同互动的发展格局基本形成。

——经济发展进一步提质增效。互联网在促进制造业、农业、能源、环保等产业转型升级方面取得积极成效，劳动生产率进一步提高。基于互联网的新兴业态不断涌现，电子商务、互联网金融快速发展，对经济提质增效的促进作用更加凸显。

——社会服务进一步便捷普惠。健康医疗、教育、交通等民生领域互联网应用更加丰富，公共服务更加多元，线上线下结合更加紧密。社会服务资源配置不断优化，公众享受到更加公平、高效、优质、便捷的服务。

——基础支撑进一步夯实提升。网络设施和产业基础得到有效巩固加强，应用支撑和安全保障能力明显增强。固定宽带网络、新一代移动通信网和下一代互联网加快发展，物联网、云计算等新型基础设施更加完备。人工智能等技术及其产业化能力显著增强。

——发展环境进一步开放包容。全社会对互联网融合创新的认识不断深入，互联网融合发展面临的体制机制障碍有效破除，公共数据资源开放取得实质性进展，相关标准规范、信用体系和法律法规逐步完善。

到2025年，网络化、智能化、服务化、协同化的“互联网+”产业生态体系基本完善，“互联网+”新经济形态初步形成，“互联网+”成为经济社会创新发展的重要驱动力量。

二、重点行动

（一）“互联网+”创业创新。

充分发挥互联网的创新驱动作用，以促进创业创新为重点，推动各类要素资源聚集、开放和共享，大力发展众创空间、开放式创新等，引导和推动全社会形成大众创业、万众创新的浓厚氛围，打造经济发展新引擎。（发展改革委、科技部、工业和信息化部、人力资源社会保障部、商务部等负责，列第一位者为牵头部门，下同）

1. 强化创业创新支撑。鼓励大型互联网企业和基础电信企业利用技术优势和产业整合能力，向小微企业和创业团队开放平台入口、数据信息、计算能力等资源，提供研发工具、经营管理和市场营销等方面的支持和服务，提高小微企业信息化应用水平，培育和孵化具有良好商业模式的创业企业。充分利用互联网基础条件，完善小微企业公共服务平台网络，集聚创业创新资源，为小微企业提供找得着、用得起、有保障的服务。

2. 积极发展众创空间。充分发挥互联网开放创新优势，调动全社会力量，支持创新工场、创客空间、社会实验室、智慧小企业创业基地等新型众创空间发展。充分利用国家自主创新示范区、科技企业孵化器、大学科技园、商贸企业集聚区、小微企业创业示范基地等现有条件，通过市场化方式构建一批创新与创业相结合、线上与线下相结合、孵化与投资相结合的众创空间，为创业者提供低成本、便利化、全要素的工作空间、网络空间、社交空间和资源共享空间。实施新兴产业“双创”行动，建立一批新兴产业“双创”示范基地，加快发展“互联网+”创业网络体系。

3. 发展开放式创新。鼓励各类创新主体充分利用互联网，把握市场需求导向，加强创新资源共享与合作，促进前沿技术和创新成果及时转化，构建开放式创新体系。推动各类创业创新扶持政策与互联网开放平台联动协作，为创业团队和个人开发者提供绿色通道服务。加快发展创业服务业，积极推广众包、用户参与设计、云设计等新型研发组织模式，引导建立社会各界交流合作的平台，推动跨区域、跨领域的技术成果转移和协同创新。

（二）“互联网+”协同制造。

推动互联网与制造业融合，提升制造业数字化、网络化、智能化水平，加强产业链协作，发展基于互联网的协同制造新模式。在重点领域推进智能制造、大规模个性化定制、网络化协同制造和服务型制造，打造一批网络化协同制造公共服务平台，加快形成制造业网络化产业生态体系。（工业和信息化部、发展改革委、科技部共同牵头）

1. 大力发展智能制造。以智能工厂为发展方向，开展智能制造试点示范，加快推动云计算、物联网、智能工业机器人、增材制造等技术在生产过程中的应用，推进生产装备智能化升级、工艺流程改造和基础数据共享。着力在工控系统、智能感知元器件、工业云平台、操作系统和工业软件等核心环节取得突破，加强工业大数据的开发与利用，有效支撑制造业智能化转型，构建开放、共享、协作的智能制造产业生态。

2. 发展大规模个性化定制。支持企业利用互联网采集并对接用户个性化需求，推进设计研发、生产制造和供应链管理等关键环节的柔性化改造，开展基于个性化产品的服务模式和商业模式创新。鼓励互联网企业整合市场信息，挖掘细分市场需求与发展趋势，为制造企业开展个性化定制提供决策支撑。

3. 提升网络化协同制造水平。鼓励制造业骨干企业通过互联网与产业链各环节紧密协同，促进生产、质量控制和运营管理系统全面互联，推行众包设计研发和网络化制造等新模式。鼓励有实力的互联网企业构建网络化协同制造公共服务平台，面向细分行业提供云制造服务，促进创新资源、生产能力、市场需求的集聚与对接，提升服务中小微企业能力，加快全社会多元化制造资源的有效协同，提高产业链资源整合能力。

4. 加速制造业服务化转型。鼓励制造企业利用物联网、云计算、大数据等技术，整合产品全生命周期数据，形成面向生产组织全过程的决策服务信息，为产品优化升级提供数据支撑。鼓励企业基于互联网开展故障预警、远程维护、质量诊断、远程过程优化等在线增值服务，拓展产品价值空间，实现从制造向“制造+服务”的转型升级。

（三）“互联网+”现代农业。

利用互联网提升农业生产、经营、管理和服务水平，培育一批网络化、智能化、精细化的现代“种养加”生态农业新模式，形成示范带动效应，加快完善新型农业生产经营体系，培育多样化农业互联网管理服务模式，逐步建立农副产品、农资质量安全追溯体系，促进农业现代化水平明显提升。（农业部、发展改革委、科技部、商务部、质检总局、食品药品监管总局、林业局等负责）

1. 构建新型农业生产经营体系。鼓励互联网企业建立农业服务平台，支撑专业大户、家庭农场、农民合作社、农业产业化龙头企业等新型农业生产经营主体，加强产销衔接，实现农业生产由生产导向向消费导向转变。提高农业生产经营的科技化、组织化和精细化水平，推进农业生产流通销售方式变革和农业发展方式转变，提升农业生产效率和增值空间。规范用好农村土地流转公共服务平台，提升土地流转透明度，保障农民权益。

2. 发展精准化生产方式。推广成熟可复制的农业物联网应用模式。在基础较好的领域和地区，普及基于环境感知、实时监测、自动控制的网络化农业环境监测系统。在大宗农产品规模生产区域，构建天地一体的农业物联网测控体系，实施智能节水灌溉、测土配方施肥、农机定位耕种等精准化作业。在畜禽标准化规模养殖基地和水产健康养殖示范基地，推动饲料精准投放、疾病自动诊断、废弃物自动回收等智能设备的应用普及和互联互通。

3. 提升网络化服务水平。深入推进信息进村入户试点，鼓励通过移动互联网为农民提供政策、市场、科技、保险等生产生活信息服务。支持互联网企业与农业生产经营主体合作，综合利用大数据、云计算等技术，建立农业信息监测体系，为灾害预警、耕地质量监测、重大动植物疫情防控、市场波动预测、经营科学决策等提供服务。

4. 完善农副产品质量安全追溯体系。充分利用现有互联网资源，构建农副产品质量安全追溯公共服务平台，推进制度标准建设，建立产地准出与市场准入衔接机制。支持新型农业生产经营主体利用互联网技术，对生产经营过程进行精细化信息化管理，加快推动移动互联网、物联网、二维码、无线射频识别等信息技术在生产加工和流通销售各环节的推广应用，强化上下游追溯体系对接和信息互通共享，不断扩大追溯体系覆盖面，实现农副产品“从农田到餐桌”全过程可追溯，保障“舌尖上的安全”。

（四）“互联网+”智慧能源。

通过互联网促进能源系统扁平化，推进能源生产与消费模式革命，提高能源利用效率，推动节能减排。加强分布式能源网络建设，提高可再生能源占比，促进能源利用结构优化。加快发电设施、用电设施和电网智能化改造，提高电力系统的安全性、稳定性和可靠性。（能源局、发展改革委、工业和信息化部等负责）

1. 推进能源生产智能化。建立能源生产运行的监测、管理和调度信息公共服务网络，加强能源产业链上下游企业的信息对接和生产消费智能化，支撑电厂和电网协调运行，促进非化石能源与化石能源协同发电。鼓励能源企业运用大数据技术对设备状态、电能负载等数据进行分析挖掘与预测，开展精准调度、故障判断和预测性维护，提高能源利用效率和安全稳定运行水平。

2. 建设分布式能源网络。建设以太阳能、风能等可再生能源为主体的多能源协调互补的能源互联网。突破分布式发电、储能、智能微网、主动配电网等关键技术，构建智能化电力运行监测、管理技术平台，使电力设备和用电终端基于互联网进行双向通信和智能调控，实现分布式电源的及时有效接入，逐步建成开放共享的能源网络。

3. 探索能源消费新模式。开展绿色电力交易服务区域试点，推进以智能电网为配送平台，以电子商务为交易平台，融合储能设施、物联网、智能用电设施等硬件以及碳交易、互联网金融等衍生服务于一体的绿色能源网络发展，实现绿色电力的点到点交易及实时配送和补贴结算。进一步加强能源生产和消费协调匹配，推进电动汽车、港口岸电等电能替代技术的应用，推广电力需求侧管理，提高能源利用效率。基于分布式能源网络，发展用户端智能化用能、能源共享经济和能源自由交易，促进能源消费生态体系建设。

4. 发展基于电网的通信设施和新型业务。推进电力光纤到户工程，完善能源互联网信息通信系统。统筹部署电网和通信网深度融合的网络基础设施，实现同缆传输、共建共享，避免重复建设。鼓励依托智能电网发展家庭能效管理等新型业务。

（五）“互联网+”普惠金融。

促进互联网金融健康发展，全面提升互联网金融服务能力和普惠水平，鼓励互联网与银行、证券、保险、基金的融合创新，为大众提供丰富、安全、便捷的金融产品和服务，更好满足不同层次实体经济的投融资需求，培育一批具有行业影响力的互联网金融创新型企业。（人民银行、银监会、证监会、保监会、发展改革委、工业和信息化部、网信办等负责）

1. 探索推进互联网金融云服务平台建设。探索互联网企业构建互联网金融云服务平台。在保证技术成熟和业务安全的基础上，支持金融企业与云计算技术提供商合作开展金融公共云服务，提供多样化、个性化、精准化的金融产品。支持银行、证券、保险企业稳妥实施系统架构转型，鼓励探索利用云服务平台开展金融核心业务，提供基于金融云服务平台的信用、认证、接口等公共服务。

2. 鼓励金融机构利用互联网拓宽服务覆盖面。鼓励各金融机构利用云计算、移动互联网、大数据等技术手段，加快金融产品和服务创新，在更广泛地区提供便利的存贷款、支付结算、信用中介平台等金融服务，拓宽普惠金融服务范围，为实体经济发展提供有效支撑。支持金融机构和互联网企业依法合规开展网络借贷、网络证券、网络保险、互联网基金销售等业务。扩大专业互联网保险公司试点，充分发挥保险业在防范互联网金融风险中的作用。推动金融集成电路卡（IC卡）全面应用，提升电子现金的使用率和便捷性。发挥移动金融安全可信公共服务平台（MTPS）的作用，积极推动商业银行开展移动金融创新应用，促进移动金融在电子商务、公共服务等领域的规模应用。支持银行业金融机构借助互联网技术发展消费信贷业务，支持金融租赁公司利用互联网技术开展金融租赁业务。

3. 积极拓展互联网金融服务创新的深度和广度。鼓励互联网企业依法合规提供创新金融产品和服务，更好满足中小微企业、创新型企业和个人的投融资需求。规范发展网络借贷和互联网消费信贷业务，探索互联网金融服务创新。积极引导风险投资基金、私募股权投资基金和产业投资基金投资于互联网金融企业。利用大数据发展市场化个人征信业务，加快网络征信和信用评价体系建设。加强互联网金融消费权益保护和投资者保护，建立多元化金融消费纠纷解决机制。改进和完善互联网金融监管，提高金融服务安全性，有效防范互联网金融风险及其外溢效应。

（六）“互联网+”益民服务。

充分发挥互联网的高效、便捷优势，提高资源利用效率，降低服务消费成本。大力发展以互联网为载体、线上线下互动的新兴消费，加快发展基于互联网的医疗、健康、养老、教育、旅游、社会保障等新兴服务，创新政府服务模式，提升政府科学决策能力和管理水平。（发展改革委、教育部、工业和信息化部、民政部、人力资源社会保障部、商务部、卫生计生委、质检总局、食品药品监管总局、林业局、旅游局、网信办、信访局等负责）

1. 创新政府网络化管理和服务。加快互联网与政府公共服务体系的深度融合，推动公共数据资源开放，促进公共服务创新供给和服务资源整合，构建面向公众的一体化在线公共服务体系。积极探索公众参与的网络化社会管理服务新模式，充分利用互联网、移动互联网应用平台等，加快推进政务新媒体发展建设，加强政府与公众的沟通交流，提高政府公共管理、公共服务和公共政策制定的响应速度，提升政府科学决策能力和社会治理水平，促进政府职能转变和简政放权。深入推进网上信访，提高信访工作质量、效率和公信力。鼓励政府和互联网企业合作建立信用信息共享平台，探索开展一批社会治理互联网应用试点，打通政府部门、企事业单位之间的数据壁垒，利用大数据分析手段，提升各级政府的社会治理能力。加强对“互联网+”行动的宣传，提高公众参与度。

2. 发展便民服务新业态。发展体验经济，支持实体零售商综合利用网上商店、移动支付、智能试衣等新技术，打造体验式购物模式。发展社区经济，在餐饮、娱乐、家政等领域培育线上线下结合的社区服务新模式。发展共享经济，规范发展网络约租车，积极推广在线租房等新业态，着力破除准入门槛高、服务规范难、个人征信缺失等瓶颈制约。发展基于互联网的文化、媒体和旅游等服务，培育形式多样的新型业态。积极推广基于移动互联网入口的城市服务，开展网上社保办理、个人社保权益查询、跨地区医保结算等互联网应用，让老百姓足不出户享受便捷高效的服务。

3. 推广在线医疗卫生新模式。发展基于互联网的医疗卫生服务，支持第三方机构构建医学影像、健康档案、检验报告、电子病历等医疗信息共享服务平台，逐步建立跨医院的医疗数据共享交换标准体系。积极利用移动互联网提供在线预约诊疗、候诊提醒、划价缴费、诊疗报告查询、药品配送等便捷服务。引导医疗机构面向中小城市和农村地区开展基层检查、上级诊断等远程医疗服务。鼓励互联网企业与医疗机构合作建立医疗网络信息平台，加强区域医疗卫生服务资源整合，充分利用互联网、大数据等手段，提高重大疾病和突发公共卫生事件防控能力。积极探索互联网延伸医嘱、电子处方等网络医疗健康服务应用。鼓励有资质的医学检验机构、医疗服务机构联合互联网企业，发展基因检测、疾病预防等健康服务模式。

4. 促进智慧健康养老产业发展。支持智能健康产品创新和应用，推广全面量化健康生活新方式。鼓励健康服务机构利用云计算、大数据等技术搭建公共信息平台，提供长期跟踪、预测预警的个性化健康管理服务。发展第三方在线健康市场调查、咨询评价、预防管理等应用服务，提升规范化和专业化运营水平。依托现有互联网资源和社会力量，以社区为基础，搭建养老信息服务网络平台，提供护理看护、健康管理、康复照料等居家养老服务。鼓励养老服务机构应用基于移动互联网的便携式体检、紧急呼叫监控等设备，提高养老服务水平。

5. 探索新型教育服务供给方式。鼓励互联网企业与社会教育机构根据市场需求开发数字教育资源，提供网络化教育服务。鼓励学校利用数字教育资源及教育服务平台，逐步探索网络化教育新模式，扩大优质教育资源覆盖面，促进教育公平。鼓励学校通过与互联网企业合作等方式，对接线上线下教育资源，探索基础教育、职业教育等教育公共服务提供新方式。推动开展学历教育在线课程资源共享，推广大规模在线开放课程等网络学习模式，探索建立网络学习学分认定与学分转换等制度，加快推动高等教育服务模式变革。

（七）“互联网+”高效物流。

加快建设跨行业、跨区域的物流信息服务平台，提高物流供需信息对接和使用效率。鼓励大数据、云计算在物流领域的应用，建设智能仓储体系，优化物流运作流程，提升物流仓储的自动化、智能化水平和运转效率，降低物流成本。（发展改革委、商务部、交通运输部、网信办等负责）

1. 构建物流信息共享互通体系。发挥互联网信息集聚优势，聚合各类物流信息资源，鼓励骨干物流企业和第三方机构搭建面向社会的物流信息服务平台，整合仓储、运输和配送信息，开展物流全程监测、预警，提高物流安全、环保和诚信水平，统筹优化社会物流资源配置。构建互通省际、下达市县、兼顾乡村的物流信息互联网络，建立各类可开放数据的对接机制，加快完善物流信息交换开放标准体系，在更广范围促进物流信息充分共享与互联互通。

2. 建设深度感知智能仓储系统。在各级仓储单元积极推广应用二维码、无线射频识别等物联网感知技术和大数据技术，实现仓储设施与货物的实时跟踪、网络化管理以及库存信息的高度共享，提高货物调度效率。鼓励应用智能化物流装备提升仓储、运输、分拣、包装等作业效率，提高各类复杂订单的出货处理能力，缓解货物囤积停滞瓶颈制约，提升仓储运管水平和效率。

3. 完善智能物流配送调配体系。加快推进货运车联网与物流园区、仓储设施、配送网点等信息互联，促进人员、货源、车源等信息高效匹配，有效降低货车空驶率，提高配送效率。鼓励发展社区自提柜、冷链储藏柜、代收服务点等新型社区化配送模式，结合构建物流信息互联网络，加快推进县到村的物流配送网络和村级配送网点建设，解决物流配送“最后一公里”问题。

（八）“互联网+”电子商务。

巩固和增强我国电子商务发展领先优势，大力发展农村电商、行业电商和跨境电商，进一步扩大电子商务发展空间。电子商务与其他产业的融合不断深化，网络化生产、流通、消费更加普及，标准规范、公共服务等支撑环境基本完善。（发展改革委、商务部、工业和信息化部、交通运输部、农业部、海关总署、税务总局、质检总局、网信办等负责）

1. 积极发展农村电子商务。开展电子商务进农村综合示范，支持新型农业经营主体和农产品、农资批发市场对接电商平台，积极发展以销定产模式。完善农村电子商务配送及综合服务网络，着力解决农副产品标准化、物流标准化、冷链仓储建设等关键问题，发展农产品个性化定制服务。开展生鲜农产品和农业生产资料电子商务试点，促进农业大宗商品电子商务发展。

2. 大力发展行业电子商务。鼓励能源、化工、钢铁、电子、轻纺、医药等行业企业，积极利用电子商务平台优化采购、分销体系，提升企业经营效率。推动各类专业市场线上转型，引导传统商贸流通企业与电子商务企业整合资源，积极向供应链协同平台转型。鼓励生产制造企业面向个性化、定制化消费需求深化电子商务应用，支持设备制造企业利用电子商务平台开展融资租赁服务，鼓励中小微企业扩大电子商务应用。按照市场化、专业化方向，大力推广电子招标投标。

3. 推动电子商务应用创新。鼓励企业利用电子商务平台的大数据资源，提升企业精准营销能力，激发市场消费需求。建立电子商务产品质量追溯机制，建设电子商务售后服务质量检测云平台，完善互联网质量信息公共服务体系，解决消费者维权难、退货难、产品责任追溯难等问题。加强互联网食品药品市场监测监管体系建设，积极探索处方药电子商务销售和监管模式创新。鼓励企业利用移动社交、新媒体等新渠道，发展社交电商、“粉丝”经济等网络营销新模式。

4. 加强电子商务国际合作。鼓励各类跨境电子商务服务商发展，完善跨境物流体系，拓展全球经贸合作。推进跨境电子商务通关、检验检疫、结汇等关键环节单一窗口综合服务体系建设。创新跨境权益保障机制，利用合格评定手段，推进国际互认。创新跨境电子商务管理，促进信息网络畅通、跨境物流便捷、支付及结汇无障碍、税收规范便利、市场及贸易规则互认互通。

（九）“互联网+”便捷交通。

加快互联网与交通运输领域的深度融合，通过基础设施、运输工具、运行信息等互联网化，推进基于互联网平台的便捷化交通运输服务发展，显著提高交通运输资源利用效率和管理精细化水平，全面提升交通运输行业服务品质和科学治理能力。（发展改革委、交通运输部共同牵头）

1. 提升交通运输服务品质。推动交通运输主管部门和企业将服务性数据资源向社会开放，鼓励互联网平台为社会公众提供实时交通运行状态查询、出行路线规划、网上购票、智能停车等服务，推进基于互联网平台的多种出行方式信息服务对接和一站式服务。加快完善汽车健康档案、维修诊断和服务质量信息服务平台建设。

2. 推进交通运输资源在线集成。利用物联网、移动互联网等技术，进一步加强对公路、铁路、民航、港口等交通运输网络关键设施运行状态与通行信息的采集。推动跨地域、跨类型交通运输信息互联互通，推广船联网、车联网等智能化技术应用，形成更加完善的交通运输感知体系，提高基础设施、运输工具、运行信息等要素资源的在线化水平，全面支撑故障预警、运行维护以及调度智能化。

3. 增强交通运输科学治理能力。强化交通运输信息共享，利用大数据平台挖掘分析人口迁徙规律、公众出行需求、枢纽客流规模、车辆船舶行驶特征等，为优化交通运输设施规划与建设、安全运行控制、交通运输管理决策提供支撑。利用互联网加强对交通运输违章违规行为的智能化监管，不断提高交通运输治理能力。

（十）“互联网+”绿色生态。

推动互联网与生态文明建设深度融合，完善污染物监测及信息发布系统，形成覆盖主要生态要素的资源环境承载能力动态监测网络，实现生态环境数据互联互通和开放共享。充分发挥互联网在逆向物流回收体系中的平台作用，促进再生资源交易利用便捷化、互动化、透明化，促进生产生活方式绿色化（发展改革委、环境保护部、商务部、林业局等负责）

1. 加强资源环境动态监测。针对能源、矿产资源、水、大气、森林、草原、湿地、海洋等各类生态要素，充分利用多维地理信息系统、智慧地图等技术，结合互联网大数据分析，优化监测站点布局，扩大动态监控范围，构建资源环境承载能力立体监控系统。依托现有互联网、云计算平台，逐步实现各级政府资源环境动态监测信息互联共享。加强重点用能单位能耗在线监测和大数据分析。

2. 大力发展智慧环保。利用智能监测设备和移动互联网，完善污染物排放在线监测系统，增加监测污染物种类，扩大监测范围，形成全天候、多层次的智能多源感知体系。建立环境信息数据共享机制，统一数据交换标准，推进区域污染物排放、空气环境质量、水环境质量等信息公开，通过互联网实现面向公众的在线查询和定制推送。加强对企业环保信用数据的采集整理，将企业环保信用记录纳入全国统一的信用信息共享交换平台。完善环境预警和风险监测信息网络，提升重金属、危险废物、危险化学品等重点风险防范水平和应急处理能力。

3. 完善废旧资源回收利用体系。利用物联网、大数据开展信息采集、数据分析、流向监测，优化逆向物流网点布局。支持利用电子标签、二维码等物联网技术跟踪电子废物流向，鼓励互联网企业参与搭建城市废弃物回收平台，创新再生资源回收模式。加快推进汽车保险信息系统、“以旧换再”管理系统和报废车管理系统的标准化、规范化和互联互通，加强废旧汽车及零部件的回收利用信息管理，为互联网企业开展业务创新和便民服务提供数据支撑。

4. 建立废弃物在线交易系统。鼓励互联网企业积极参与各类产业园区废弃物信息平台建设，推动现有骨干再生资源交易市场向线上线下结合转型升级，逐步形成行业性、区域性、全国性的产业废弃物和再生资源在线交易系统，完善线上信用评价和供应链融资体系，开展在线竞价，发布价格交易指数，提高稳定供给能力，增强主要再生资源品种的定价权。

（十一）“互联网+”人工智能。

依托互联网平台提供人工智能公共创新服务，加快人工智能核心技术突破，促进人工智能在智能家居、智能终端、智能汽车、机器人等领域的推广应用，培育若干引领全球人工智能发展的骨干企业和创新团队，形成创新活跃、开放合作、协同发展的产业生态。（发展改革委、科技部、工业和信息化部、网信办等负责）

1. 培育发展人工智能新兴产业。建设支撑超大规模深度学习的新型计算集群，构建包括语音、图像、视频、地图等数据的海量训练资源库，加强人工智能基础资源和公共服务等创新平台建设。进一步推进计算机视觉、智能语音处理、生物特征识别、自然语言理解、智能决策控制以及新型人机交互等关键技术的研发和产业化，推动人工智能在智能产品、工业制造等领域规模商用，为产业智能化升级夯实基础。

2. 推进重点领域智能产品创新。鼓励传统家居企业与互联网企业开展集成创新，不断提升家居产品的智能化水平和服务能力，创造新的消费市场空间。推动汽车企业与互联网企业设立跨界交叉的创新平台，加快智能辅助驾驶、复杂环境感知、车载智能设备等技术产品的研发与应用。支持安防企业与互联网企业开展合作，发展和推广图像精准识别等大数据分析技术，提升安防产品的智能化服务水平。

3. 提升终端产品智能化水平。着力做大高端移动智能终端产品和服务的市场规模，提高移动智能终端核心技术研发及产业化能力。鼓励企业积极开展差异化细分市场需求分析，大力丰富可穿戴设备的应用服务，提升用户体验。推动互联网技术以及智能感知、模式识别、智能分析、智能控制等智能技术在机器人领域的深入应用，大力提升机器人产品在传感、交互、控制等方面的性能和智能化水平，提高核心竞争力。

三、保障支撑

（一）夯实发展基础。

1. 巩固网络基础。加快实施“宽带中国”战略，组织实施国家新一代信息基础设施建设工程，推进宽带网络光纤化改造，加快提升移动通信网络服务能力，促进网间互联互通，大幅提高网络访问速率，有效降低网络资费，完善电信普遍服务补偿机制，支持农村及偏远地区宽带建设和运行维护，使互联网下沉为各行业、各领域、各区域都能使用，人、机、物泛在互联的基础设施。增强北斗卫星全球服务能力，构建天地一体化互联网络。加快下一代互联网商用部署，加强互联网协议第 6 版（IPv6）地址管理、标识管理与解析，构建未来网络创新试验平台。研究工业互联网网络架构体系，构建开放式国家创新试验验证平台。（发展改革委、工业和信息化部、财政部、国资委、网信办等负责）

2. 强化应用基础。适应重点行业融合创新发展需求，完善无线传感网、行业云及大数据平台等新型应用基础设施。实施云计算工程，大力提升公共云服务能力，引导行业信息化应用向云计算平台迁移，加快内容分发网络建设，优化数据中心布局。加强物联网网络架构研究，组织开展国家物联网重大应用示范，鼓励具备条件的企业建设跨行业物联网运营和支撑平台。（发展改革委、工业和信息化部等负责）

3. 做实产业基础。着力突破核心芯片、高端服务器、高端存储设备、数据库和中间件等产业薄弱环节的技术瓶颈，加快推进云操作系统、工业控制实时操作系统、智能终端操作系统的研发和应用。大力发展云计算、大数据等解决方案以及高端传感器、工控系统、人机交互等软硬件基础产品。运用互联网理念，构建以骨干企业为核心、产学研用高效整合的技术产业集群，打造国际先进、自主可控的产业体系。（工业和信息化部、发展改革委、科技部、网信办等负责）

4. 保障安全基础。制定国家信息领域核心技术设备发展时间表和路线图，提升互联网安全管理、态势感知和风险防范能力，加强信息网络基础设施安全防护和用户个人信息保护。实施国家信息安全专项，开展网络安全应用示范，提高“互联网+”安全核心技术和产品水平。按照信息安全等级保护等制度和网络安全国家标准的要求，加强“互联网+”关键领域重要信息系统的安全保障。建设完善网络安全监测评估、监督管理、标准认证和创新能力体系。重视融合带来的安全风险，完善网络数据共享、利用等的安全管理和技术措施，探索建立以行政评议和第三方评估为基础的数据安全流动认证体系，完善数据跨境流动管理制度，确保数据安全。（网信办、发展改革委、科技部、工业和信息化部、公安部、安全部、质检总局等负责）

（二）强化创新驱动。

1. 加强创新能力建设。鼓励构建以企业为主导，产学研用合作的“互联网+”产业创新网络或产业技术创新联盟。支持以龙头企业为主体，建设跨界交叉领域的创新平台，并逐步形成创新网络。鼓励国家创新平台向企业特别是中小企业在线开放，加大国家重大科研基础设施和大型科研仪器等网络化开放力度。（发展改革委、科技部、工业和信息化部、网信办等负责）

2. 加快制定融合标准。按照共性先立、急用先行的原则，引导工业互联网、智能电网、智慧城市等领域基础共性标准、关键技术标准的研制及推广。加快与互联网融合应用的工控系统、智能专用装备、智能仪表、智能家居、车联网等细分领域的标准化工作。不断完善“互联网+”融合标准体系，同步推进国际国内标准化工作，增强在国际标准化组织（ISO）、国际电工委员会（IEC）和国际电信联盟（ITU）等国际组织中的话语权。（质检总局、工业和信息化部、网信办、能源局等负责）

3. 强化知识产权战略。加强融合领域关键环节专利导航，引导企业加强知识产权战略储备与布局。加快推进专利基础信息资源开放共享，支持在线知识产权服务平台建设，鼓励服务模式创新，提升知识产权服务附加值，支持中小微企业知识产权创造和运用。加强网络知识产权和专利执法维权工作，严厉打击各种网络侵权假冒行为。增强全社会对网络知识产权的保护意识，推动建立“互联网+”知识产权保护联盟，加大对新业态、新模式等创新成果的保护力度。（知识产权局牵头）

4. 大力发展开源社区。鼓励企业自主研发和国家科技计划（专项、基金等）支持形成的软件成果通过互联网向社会开源。引导教育机构、社会团体、企业或个人发起开源项目，积极参加国际开源项目，支持组建开源社区和开源基金会。鼓励企业依托互联网开源模式构建新型生态，促进互联网开源社区与标准规范、知识产权等机构的对接与合作。（科技部、工业和信息化部、质检总局、知识产权局等负责）

（三）营造宽松环境。

1. 构建开放包容环境。贯彻落实《中共中央国务院关于深化体制机制改革加快实施创新驱动发展战略的若干意见》，放宽融合性产品和服务的市场准入限制，制定实施各行业互联网准入负面清单，允许各类主体依法平等进入未纳入负面清单管理的领域。破除行业壁垒，推动各行业、各领域在技术、标准、监管等方面充分对接，最大限度减少事前准入限制，加强事中事后监管。继续深化电信体制改革，有序开放电信市场，加快民营资本进入基础电信业务。加快深化商事制度改革，推进投资贸易便利化。（发展改革委、网信办、教育部、科技部、工业和信息化部、民政部、商务部、卫生计生委、工商总局、质

检总局等负责）

2. 完善信用支撑体系。加快社会征信体系建设，推进各类信用信息平台无缝对接，打破信息孤岛。加强信用记录、风险预警、违法失信行为等信息资源在线披露和共享，为经营者提供信用信息查询、企业网上身份认证等服务。充分利用互联网积累的信用数据，对现有征信体系和评测体系进行补充和完善，为经济调节、市场监管、社会管理和公共服务提供有力支撑。（发展改革委、人民银行、工商总局、质检总局、网信办等负责）

3. 推动数据资源开放。研究出台国家大数据战略，显著提升国家大数据掌控能力。建立国家政府信息开放统一平台和基础数据资源库，开展公共数据开放利用改革试点，出台政府机构数据开放管理规定。按照重要性和敏感程度分级分类，推进政府和公共信息资源开放共享，支持公众和小微企业充分挖掘信息资源的商业价值，促进互联网应用创新。（发展改革委、工业和信息化部、国务院办公厅、网信办等负责）

4. 加强法律法规建设。针对互联网与各行业融合发展的新特点，加快“互联网+”相关立法工作，研究调整完善不适应“互联网+”发展和管理的现行法规及政策规定。落实加强网络信息保护和信息公开有关规定，加快推动制定网络安全、电子商务、个人信息保护、互联网信息服务管理等法律法规。完善反垄断法配套规则，进一步加大反垄断法执行力度，严格查处信息领域企业垄断行为，营造互联网公平竞争环境。（法制办、网信办、发展改革委、工业和信息化部、公安部、安全部、商务部、工商总局等负责）

（四）拓展海外合作。

1. 鼓励企业抱团出海。结合“一带一路”等国家重大战略，支持和鼓励具有竞争优势的互联网企业联合制造、金融、信息通信等领域企业率先走出去，通过海外并购、联合经营、设立分支机构等方式，相互借力，共同开拓国际市场，推进国际产能合作，构建跨境产业链体系，增强全球竞争力。（发展改革委、外交部、工业和信息化部、商务部、网信办等负责）

2. 发展全球市场应用。鼓励“互联网+”企业整合国内外资源，面向全球提供工业云、供应链管理、大数据分析等网络服务，培育具有全球影响力的“互联网+”应用平台。鼓励互联网企业积极拓展海外用户，推出适合不同市场文化的产品和服务。（商务部、发展改革委、工业和信息化部、网信办等负责）

3. 增强走出去服务能力。充分发挥政府、产业联盟、行业协会及相关中介机构作用，形成支持“互联网+”企业走出去的合力。鼓励中介机构为企业拓展海外市场提供信息咨询、法律援助、税务中介等服务。支持行业协会、产业联盟与企业共同推广中国技术和中国标准，以技术标准走出去带动产品和服务在海外推广应用。（商务部、外交部、发展改革委、工业和信息化部、税务总局、质检总局、网信办等负责）

（五）加强智力建设。

1. 加强应用能力培训。鼓励地方各级政府采用购买服务的方式，向社会提供互联网知识技能培训，支持相关研究机构和专家开展“互联网+”基础知识和应用培训。鼓励传统企业与互联网企业建立信息咨询、人才交流等合作机制，促进双方深入交流合作。加强制造业、农业等领域人才特别是企业高层管理人员的互联网技能培训，鼓励互联网人才与传统行业人才双向流动。（科技部、工业和信息化部、人力资源社会保障部、网信办等负责）

2. 加快复合型人才培养。面向“互联网+”融合发展需求，鼓励高校根据发展需要和学校办学能力设置相关专业，注重将国内外前沿研究成果尽快引入相关专业教学中。鼓励各类学校聘请互联网领域高级人才作为兼职教师，加强“互联网+”领域实验教学。（教育部、发展改革委、科技部、工业和信息化部、人力资源社会保障部、网信办等负责）

3. 鼓励联合培养培训。实施产学合作专业综合改革项目，鼓励校企、院企合作办学，推进“互联网+”专业技术人才培训。深化互联网领域产教融合，依托高校、科研机构、企业的智力资源和研究平台，建立一批联合实训基地。建立企业技术中心和院校对接机制，鼓励企业在院校建立“互联网+”研发机构和实验中心。(教育部、发展改革委、科技部、工业和信息化部、人力资源社会保障部、网信办等负责)

4. 利用全球智力资源。充分利用现有人才引进计划和鼓励企业设立海外研发中心等多种方式，引进和培养一批“互联网+”领域高端人才。完善移民、签证等制度，形成有利于吸引人才的分配、激励和保障机制，为引进海外人才提供有利条件。支持通过任务外包、产业合作、学术交流等方式，充分利用全球互联网人才资源。吸引互联网领域领军人才、特殊人才、紧缺人才在我国创业创新和从事教学科研等活动。(人力资源社会保障部、发展改革委、教育部、科技部、网信办等负责)

(六) 加强引导支持。

1. 实施重大工程包。选择重点领域，加大中央预算内资金投入力度，引导更多社会资本进入，分步骤组织实施“互联网+”重大工程，重点促进以移动互联网、云计算、大数据、物联网为代表的新一代信息技术与制造、能源、服务、农业等领域的融合创新，发展壮大新兴业态，打造新的产业增长点。(发展改革委牵头)

2. 加大财税支持。充分发挥国家科技计划作用，积极投向符合条件的“互联网+”融合创新关键技术研发及应用示范。统筹利用现有财政专项资金，支持“互联网+”相关平台建设和应用示范等。加大政府部门采购云计算服务的力度，探索基于云计算的政务信息化建设运营新机制。鼓励地方政府创新风险补偿机制，探索“互联网+”发展的新模式。(财政部、税务总局、发展改革委、科技部、网信办等负责)

3. 完善融资服务。积极发挥天使投资、风险投资基金等对“互联网+”的投资引领作用。开展股权众筹等互联网金融创新试点，支持小微企业发展。支持国家出资设立的有关基金投向“互联网+”，鼓励社会资本加大对相关创新型企业的投资。积极发展知识产权质押融资、信用保险保单融资增信等服务，鼓励通过债券融资方式支持“互联网+”发展，支持符合条件的“互联网+”企业发行公司债券。开展产融结合创新试点，探索股权和债权相结合的融资服务。降低创新型、成长型互联网企业的上市准入门槛，结合证券法修订和股票发行注册制改革，支持处于特定成长阶段、发展前景好但尚未盈利的互联网企业在创业板上市。推动银行业金融机构创新信贷产品与金融服务，加大贷款投放力度。鼓励开发性金融机构为“互联网+”重点项目建设提供有效融资支持。（人民银行、发展改革委、银监会、证监会、保监会、网信办、开发银行等负责）

（七）做好组织实施。

1. 加强组织领导。建立“互联网+”行动实施部际联席会议制度，统筹协调解决重大问题，切实推动行动的贯彻落实。联席会议设办公室，负责具体工作的组织推进。建立跨领域、跨行业的“互联网+”行动专家咨询委员会，为政府决策提供重要支撑。（发展改革委牵头）

2. 开展试点示范。鼓励开展“互联网+”试点示范，推进“互联网+”区域化、链条化发展。支持全面创新改革试验区、中关村等国家自主创新示范区、国家现代农业示范区先行先试，积极开展“互联网+”创新政策试点，破除新兴产业行业准入、数据开放、市场监管等方面政策障碍，研究适应新兴业态特点的税收、保险政策，打造“互联网+”生态体系。（各部门、各地方政府负责）

3. 有序推进实施。各地区、各部门要主动作为，完善服务，加强引导，以动态发展的眼光看待“互联网+”，在实践中大胆探索拓展，相互借鉴“互联网+”融合应用成功经验，促进“互联网+”新业态、新经济发展。有关部门要加强统筹规划，提高服务和管理能力。各地区要结合实际，研究制定适合本地的“互联网+”行动落实方案，因地制宜，合理定位，科学组织实施，杜绝盲目建设和重复投资，务实有序推进“互联网+”行动。（各部门、各地方政府负责）

关于跨境电子商务零售进口税收政策的通知

【发布单位】财政部海关总署国家税务总局

【发文字号】财关税〔2016〕18号

【发布日期】2016年3月24日

各省、自治区、直辖市、计划单列市财政厅（局）、国家税务局，新疆生产建设兵团财务局，海关总署广东分署、各直属海关：

为营造公平竞争的市场环境，促进跨境电子商务零售进口健康发展，经国务院批准，现将跨境电子商务零售（企业对消费者，即B2C）进口税收政策有关事项通知如下：

一、跨境电子商务零售进口商品按照货物征收关税和进口环节增值税、消费税，购买跨境电子商务零售进口商品的个人作为纳税义务人，实际交易价格（包括货物零售价格、运费和保险费）作为完税价格，电子商务企业、电子商务交易平台企业或物流企业可作为代收代缴义务人。

二、跨境电子商务零售进口税收政策适用于从其他国家或地区进口的、《跨境电子商务零售进口商品清单》范围内的以下商品：

（一）所有通过与海关联网的电子商务交易平台交易，能够实现交易、支付、物流电子信息“三单”比对的跨境电子商务零售进口商品；

（二）未通过与海关联网的电子商务交易平台交易，但快递、邮政企业能够统一提供交易、支付、物流等电子信息，并承诺承担相应法律责任进境的跨境电子商务零售进口商品。

不属于跨境电子商务零售进口的个人物品以及无法提供交易、支付、物流等电子信息的跨境电子商务零售进口商品，按现行规定执行。

三、跨境电子商务零售进口商品的单次交易限值为人民币2000元，个人年度交易限值为人民币20000元。在限值以内进口的跨境电子商务零售进口商品，关税税率暂设为0%；进口环节增值税、消费税取消免征税额，暂按法定应纳税额的70%征收。超过单次限值、累加后超过个人年度限值的单次交易，以及完税价格超过2000元限值的单个不可分割商品，均按照一般贸易方式全额征税。

四、跨境电子商务零售进口商品自海关放行之日起30日内退货的，可申请退税，并相应调整个人年度交易总额。

五、跨境电子商务零售进口商品购买人（订购人）的身份信息应进行认证；未进行认证的，购买人（订购人）身份信息应与付款人一致。

六、《跨境电子商务零售进口商品清单》将由财政部商有关部门另行公布。

七、本通知自2016年4月8日起执行。

特此通知。